CAMBRIDGE LIBRARY COLLECTION

Books of enduring scholarly value

Linguistics

From the earliest surviving glossaries and translations to nineteenth-century academic philology and the growth of linguistics during the twentieth century, language has been the subject both of scholarly investigation and of practical handbooks produced for the upwardly mobile, as well as for travellers, traders, soldiers, missionaries and explorers. This collection will reissue a wide range of texts pertaining to language, including the work of Latin grammarians, groundbreaking early publications in Indo-European studies, accounts of indigenous languages, many of them now extinct, and texts by pioneering figures such as Jacob Grimm, Wilhelm von Humboldt and Ferdinand de Saussure.

Voyage au Tapajoz

In the first of three exploratory missions into the Amazon basin, French explorer, geologist, and scholar Henri Coudreau spent nearly seven months on the Tapajoz river, from 28 July 1895 to 7 January 1896. Coudreau was an established professor and scientist in French Guyana when he was commissioned by the governor of Brazil's Pará state to explore the Amazon's tributaries. His 1897 Voyage au Tapajoz carefully records the villages, towns, peoples, and environs encountered throughout his journey. Illustrations, meteorological tables, and vocabularies of indigenous languages demonstrate Coudreau's wide-ranging interests and observations and his rigorous approach to data collection. He also includes poetic detail, describing, for instance, 'un ciel du matin d'une douceur exquise'. This allows the reader to enter into Coudreau's sensory and affective experiences, and makes the book an enjoyable travelogue as well as a thorough scientific report.

Cambridge University Press has long been a pioneer in the reissuing of out-of-print titles from its own backlist, producing digital reprints of books that are still sought after by scholars and students but could not be reprinted economically using traditional technology. The Cambridge Library Collection extends this activity to a wider range of books which are still of importance to researchers and professionals, either for the source material they contain, or as landmarks in the history of their academic discipline.

Drawing from the world-renowned collections in the Cambridge University Library, and guided by the advice of experts in each subject area, Cambridge University Press is using state-of-the-art scanning machines in its own Printing House to capture the content of each book selected for inclusion. The files are processed to give a consistently clear, crisp image, and the books finished to the high quality standard for which the Press is recognised around the world. The latest print-on-demand technology ensures that the books will remain available indefinitely, and that orders for single or multiple copies can quickly be supplied.

The Cambridge Library Collection will bring back to life books of enduring scholarly value (including out-of-copyright works originally issued by other publishers) across a wide range of disciplines in the humanities and social sciences and in science and technology.

Voyage au Tapajoz

28 juillet 1895–7 janvier 1896

H ENRI A NATOLE C OUDREAU

CAMBRIDGE
UNIVERSITY PRESS

CAMBRIDGE UNIVERSITY PRESS

Cambridge, New York, Melbourne, Madrid, Cape Town, Singapore,
São Paolo, Delhi, Dubai, Tokyo

Published in the United States of America by Cambridge University Press, New York

www.cambridge.org
Information on this title: www.cambridge.org/9781108007399

© in this compilation Cambridge University Press 2009

This edition first published 1897
This digitally printed version 2009

ISBN 978-1-108-00739-9 Paperback

This book reproduces the text of the original edition. The content and language reflect
the beliefs, practices and terminology of their time, and have not been updated.

Cambridge University Press wishes to make clear that the book, unless originally published
by Cambridge, is not being republished by, in association or collaboration with, or
with the endorsement or approval of, the original publisher or its successors in title.

VOYAGE

AU TAPAJOZ

HENRI COUDREAU

———

VOYAGE

AU TAPAJOZ

28 Juillet 1895 — 7 Janvier 1896

———

OUVRAGE ILLUSTRÉ DE 37 VIGNETTES
ET D'UNE CARTE DU FLEUVE « LE TAPAJOZ »

———

PARIS
A. LAHURE, IMPRIMEUR-ÉDITEUR
9, RUE DE FLEURUS, 9
—
1897

VOYAGE AU TAPAJOZ

CHAPITRE PREMIER

De Pará à Salto Augusto. — L'Amazone. — Le Tapajoz considéré comme voie de pénétration.
Le Bas Tapajoz. — Visites. — Paysage. — Départ.

Chargé par M. Lauro Sodré, gouverneur de l'État de Pará (République des États-Unis du Brésil), d'une mission scientifique dans le rio Tapajoz, je pars le 28 juillet 1895, à 9 heures du matin, de la capitale de l'État.

L'*Imperatriz Thereza* quitte le quai. Je m'en vais sur les frontières de Matto Grosso. En ligne droite c'est à peu près la même distance que de Paris à Lisbonne. Mais le chemin est moins facile. De Paris à Lisbonne il y a place pour trois nations, grandes, toutes les trois, dans le présent ou dans le passé. De Pará à Salto Augusto, où je me rends, c'est toujours l'État de Pará, l'un des vingt États de la Fédération brésilienne, État encore bien peu peuplé malgré ses richesses naturelles ou acquises. De Paris à Lisbonne les trois nations gallo-ibériennes nourrissent 60 millions d'habitants, et la totalité de l'État de Pará compte moins d'un million d'habitants, civilisés et indigènes! Cette pénurie de population et un régime hydrographique spécial, ne présentant, en dehors des limites de la grande vallée amazonienne, que des cours d'eau coupés de chutes et de rapides, expliquent l'état actuel de cet immense et magnifique

1

plateau brésilien, encore aujourd'hui presque désert, malgré l'abondance de ses richesses naturelles et l'excellence de son climat.

De Pará à l'embouchure du Tapajoz c'est près de 800 kilomètres sur le grand fleuve. Le voyage se fait lentement : notre vapeur se préoccupe plus du fret que de la vitesse. Ce serait un agréable voyage de touriste pour qui pourrait n'avoir, à l'endroit des choses de la vie, que des yeux de curieux ou d'artiste.

...Nous voici dans les canaux qui séparent l'île de Marajo du continent; la nuit est venue, il fait frais, très frais même.... Nous nous arrêtons une heure à *Bom Jardim dos Mouras*, puis nous arrivons, au petit jour, à *Pucuruhy*, chez M. Cezar Carvalho de Moura Serra. J'ai encore sous les yeux ce dernier site. Le vapeur accoste par un long appontement, puis ce sont de longues salles et, au fond, dans une presqu'île, un jardinet à moitié suspendu, dans des caisses : le tout évoque je ne sais quel souvenir de bosquet-guinguette des environs de Paris....

A 11 heures du soir c'est *Gurupá*, puis, après une nuit claire, un ciel du matin d'une douceur exquise, avec un merveilleux lever de soleil dans la ligne boisée de l'Amazone.

Puis c'est la petite « Suisse amazonienne » qui apparaît : je veux dire le système des montagnes de « Jary-Parú-Paraquara-Eréré », district aussi pittoresque que salubre et riche : un des points les plus favorables à l'essai, sur grande échelle, de la colonisation européenne.

Nous mouillons à 3 heures à un site appelé *Curupayty* (où nous avons à laisser, je crois, une demi-tonne de charge, ce qui suffit pour motiver un arrêt du vapeur), et nous allons sans escale jusqu'à *Prainha* où nous arrivons à minuit et séjournons deux heures.

A 6 heures nous entrons dans le Gurupuba et à 7 heures 1/2 nous sommes devant *Monte Alegre*, au pont et au trapiche encore en construction.

A 2 heures 40 on mouille, rive sud, au sitio de *Paranacuara* où on remarque quelque bétail dans une « aberta de campos », campos riverains, bas, inondés pendant l'hiver; et, à 4 heures 30, on arrive au *Cacaoal Grande*.

Le *Cacaoal Grande*, situé rive nord (et non rive sud comme certaines cartes le donnent par erreur), le Cacaoal Grande est en face de la Serra Curuá qui est rive sud, et un peu en amont de la petite ville imaginaire marquée sur la plupart des grandes cartes sous le nom de « Toron », également rive nord.

Le Cacaoal Grande est l'exploitation agricole la plus importante de l'Amazone. MM. Paiva père et fils, les propriétaires, en ont fait un établissement modèle. Ils n'y ont pas seulement de grandes plantations de cacao, mais ils y font aussi l'élève du bétail (fazenda de gado). Un petit Decauville dessert l'exploitation et, par un pont-jetée de 100 metres environ, bois et fer, arrive au petit « trapiche-du-cacaoal » où accostent les vapeurs. Il paraît qu'elle a bien été mise en pratique la devise peinte en gros caractères sur l'une des façades les plus apparentes des constructions du Cacaoal.

TRABALHO COM SCIENCIA
PROGRESSO COM PRUDENCIA

L'Amazonie verra assurément un jour, dans ses selvas transformés, plusieurs *Cacaoal Grande*; mais avoir créé le premier n'en est pas moins un véritable honneur et du meilleur aloi.

Après quelques heures passées chez MM. Paiva, nous reprenons notre route. Au milieu de la nuit nous mouillons quelques instants à une habitation appelée *Sant'Anna do Tapará*. Le vapeur touche presque la terre, on jette une planche du chalet de débarquement à l'entrepont, et c'est là le chemin des hommes et des marchandises.

Quelques heures plus tard, à 5 heures 1/2 du matin, nous touchons à *Alemquer*. Un pont à parapets, d'une assez grande longueur, jeté au-dessus d'un terrain qui découvre pendant l'été, fait communiquer notre vapeur avec le trapiche de terre ferme.

Dans la matinée nous sommes à Santarem, où le juiz de direito, M. Turiano Meira, qui est venu me chercher à bord, me remet des lettres officielles ou officieuses pour le Tapajoz. Nous prenons ici, à destination d'Urucurituba, M. le colonel Torquato José da Silva Franco, important commerçant du Tapajoz, et, à destination d'Itaituba, M. Joaquim Lopes Bastos, négociant de Santarem, propriétaire de la lancha à vapeur : *Cidade de Santarem*.

Santarem, en dépit de l'excellence de sa position géographique et de la qualité de son climat, me paraît être fort éloignée d'arriver aux 10 000 habi-

tants que lui accordent généreusement certaines statistiques. J'ai entendu
plus souvent, dans le pays, prêter tout au plus 3 000 habitants à la « capitale
de la Tapajonia » et cette évaluation ne me paraît pas devoir s'écarter sensiblement de la vérité.

Santarem, c'est encore l'Amazone, mais c'est déjà le Tapajoz.

Le Tapajoz est le dernier grand cours d'eau occidental du plateau central
brésilien, la dernière, vers l'ouest, des rivières coupées de chutes, mais en
même temps la dernière qui, dans son cours, procure la direction du Sud-
Brésil et de Rio de Janeiro ; les autres affluents méridionaux plus occidentaux
ne donnent que le chemin de la Bolivie et du Pérou.

Et c'est là ce qui fait l'importance stratégique toute spéciale du Tapajoz,
non comme voie de navigation, mais comme future ligne de transit.

Car, en effet, dans le plateau brésilien, les voies de grande communication
ne sauraient être les cours d'eau, tous hachés de chutes et de rapides, comme
s'ils descendaient les gradins d'un amphithéâtre.

On peut le dire dès maintenant, — car il s'agit ici d'une virtualité plutôt
que d'une entreprise à tenter à bref délai, — l'avenir du grand plateau central
brésilien est aux chemins de fer. Il faut savoir s'adapter aux faits : là où la
nature a placé un système de montagnes et de hauts plateaux, il est plus facile
de faire passer la locomotive que le paquebot. Surtout quand ces hauts plateaux accidentés présentent, sur la bonne moitié de leur parcours, des campos,
— prairies de qualité bonne ou médiocre, qui sont là comme pour indiquer
la ligne naturelle de pénétration transcontinentale du Bas Xingú à la Bolivie
et au Chili.

Il suffit de regarder sur la carte la position de ces campos : ils sont à peu
près exactement au centre de l'Amérique du Sud, à égale distance de Rio de
Janeiro, de Pará et des ports septentrionaux du Chili, — un peu plus près
de Pará, cependant, ce qui fait pour Pará leur importance spéciale et de tout
premier ordre.

Sans faire encore à haute voix le rêve d'un « Chemin de fer Pará-Chili »,
il est cependant aisé de pronostiquer que lorsqu'il se fera il traversera nécessairement ces campos Geraes du Alto Tapajoz, qui sont bien une des plus
belles positions stratégiques de l'intérieur du continent sud-américain. Et qui

sait si les derniers Mundurucus, qui achèvent maintenant de s'éteindre dans ces campos de plus en plus déserts, ne vivront pas encore assez pour voir passer, sous leurs yeux étonnés, les premières locomotives du « Grand Central Ando-Paraense »? Et quand cela sera, ces campos qui jouissent, grâce à leur altitude, d'un climat excellent, ne pourront-ils pas devenir aussi un des champs préférés de l'émigration européenne? Le Nouveau Monde se transforme vite et il est accoutumé à étonner par ses brusques métamorphoses les peuples moins jeunes du continent ancien.

Mais, en attendant ses destinées proches ou lointaines, le Tapajoz ne pré-

Itaituba, vue du milieu du Tapajoz.

sente encore aujourd'hui qu'un développement assez modeste bien que pourtant appréciable. La partie inférieure du cours de la rivière, de l'embouchure à la première chute, ne paraît pas progresser bien rapidement, mais le progrès est sensible dans la partie « encachoeirada ». Cette particularité est due, semble-t-il, à la différence des climats. En effet le Tapajoz en bas des chutes est plus chaud, plus humide et plus fiévreux que le Tapajoz des cachoeiras, et plus on s'avance vers les hautes terres de l'intérieur, plus on rencontre un climat agréable, tempéré et sain.

Cependant, pour n'être qu'une longue vallée humide et chaude, le Tapajoz inférieur comporte un pittoresque qui n'a peut-être pas été étranger à l'établissement de l'assez grand nombre de villages qui se sont succédé sur ses rives. Dès l'embouchure la rive droite s'élève, présentant une suite de collines continuant celles de Santarem; la rive gauche, d'abord basse, s'élève ensuite sensiblement, et bientôt, jusqu'à Itaituba, les deux rives présentent alternativement ou simultanément des paysages d'une véritable beauté, dont un des plus remarquables est celui de la Montagne d'Alter do Chão, tronc de cône à demi dénudé s'élevant brusquement au-dessus de la rive.

De ces villages, qui apparaissent et disparaissent après une vie plus ou moins brève et plus ou moins heureuse, le premier, en aval, est *Boim*[1], rive gauche, au pied de la Pointe de S. Thomé. Au siècle passé Boim existait déjà sous le nom de « Santo Ignacio », c'était une aldéa d'Indiens catéchisés par les Pères Jésuites. En 1758 Santo Ignacio fut élevée à la catégorie de « ville » sous son nom actuel de Boim. En 1833 Boim perdit la catégorie de ville pour être tombée en complète décadence. En 1869 cette décadence s'était encore accentuée, le village avait presque complètement disparu.

Aujourd'hui Boim peut avoir tout au plus 50 maisons, habitées ou non....

Quittant Boim à 10 heures du soir, on arrive à 4 heures du matin à *Aveiro*.

Aveiro fut fondé en 1781 par ordre du Gouverneur J. de N. Tello Menezes qui y envoya tout d'abord 200 personnes. Le village prospéra dans les débuts, obtint bientôt le titre de ville, mais de successives invasions de « formigas de fogo » rendirent, vers le milieu de ce siècle, le village inhabitable. En 1833, selon Baena, la population totale d'Aveiro était de 313 personnes, dont 273 blancs et indiens et 40 esclaves; quinze ans plus tard le village était complètement dépeuplé.

Aujourd'hui Aveiro compte environ 60 maisons.

C'est un peu en amont d'Aveiro que débouche, rive droite, le rio Cupary. Le Cupary est une rivière importante; un des plus considérables de ses habitants, M. Almeida Campos, me présente, d'accord en cela avec l'opinion générale au Bas Tapajoz, le Cupary comme « la perle » de la contrée, en raison de l'extrême fertilité de ses terres et de l'abondance des produits minéraux qu'elles renferment : plâtre, pierre à chaux, amiante, etc.

C'est en face et un peu en aval d'Aveiro que se trouvent les vestiges des anciennes aldéas de Santa Cruz et de Pinhel. *Santa Cruz* fut une aldéa de Mundurucús qui comptait 507 Indiens en 1848. *Pinhel* ne fut jamais aussi importante malgré les sacrifices faits en hommes et en argent pour la peupler.

---

1. Les renseignements historiques sur ces villages sont empruntés à l'excellent ouvrage de Ferreira Penna : *A Região occidental da Provincia do Pará*.

Urucurituba, dans une excellente position au point de vue du climat, est
à une heure de vapeur au-dessous de Brazilia. Urucurituba compte environ
5o maisons, dont l'importante exploitation du colonel Torquato da Silva
Franco.

Brazilia, rive gauche, fut fondée en 1836 par un détachement de volon-
taires chargés de repousser les attaques des « Cabanos ». Depuis cette époque
Brazilia (ou Brazilia Legal) se maintient avec une quinzaine de maisons. Près

Itaituba, ma maison sous les manguiers.

de Brazilia commencent, sur la rive gauche, d'assez fortes collines qui se
continuent jusque sur les bords de l'Arapixuma.

A 9 heures du matin, le 2 août, nous mouillons en face de *Cury*, qui est
là, par derrière des îles, rive gauche, à l'embouchure de l'igarapé de Cury.
Cury fut une aldéa de Mundurucús établie en 1799. En 1846 elle comptait
seulement une douzaine de maisons de paille. En 1840 on y comptait une
population indienne de 299 personnes, et en 1869 on n'en estimait plus la
population qu'à 75 habitants au maximum.

A midi nous sommes à *Santaremsinho*, rive droite, et à 1 heure 1/2 devant
Uxituba.

Uxituba est une ancienne aldéa de Mundurucús, située rive droite du Tapajoz, un peu en aval mais presque en vue de Itaituba.... En 1833, Uxituba
comptait, selon Bama, 48 maisons couvertes de paille et avait pour habitants
485 Indiens, 2 blancs et 4 esclaves. En 1848 la population n'était plus que de
343 personnes, en 1869 à peine 100, et, aujourd'hui, à peine 50.

Non loin d'Uxituba, dans l'Igarapé Tapacura Mirim, on a, paraît-il, récemment découvert d'assez importants gisements de pétrole.

C'est le 2 août, à 4 heures du soir, que nous débarquons à *Itaituba*. Le
vapeur poursuit un peu plus haut, jusqu'auprès de la première chute. Toutefois mes lettres de recommandation sont pour Itaituba, c'est ici que j'aurai
le plus de facilités, paraît-il, pour arranger mon voyage....

Cependant voici un premier incident peu agréable : par le vapeur qui m'a
amené rentre à Pará M. Franco de Sá, juiz de direito, qui m'aurait pu être du
plus grand secours. M. Franco de Sá rentre à Pará pour se traiter des fièvres
qu'il a contractées à Itaituba.

Ce soir je vois également M. l'Intendant, pour qui j'ai des lettres officielles.
M. l'Intendant municipal a également « les fièvres· », mais ne pouvant les
aller soigner à Para, il est obligé de se traiter dans son hamac.

Itaituba, 2 *août* — 22 *août*. — Itaituba a, parallèlement au Tapajoz et sur
une seule rangée, une trentaine de maisons, dont 8 ou 9 « maisons de com-
merce » plus ou moins importantes. Par derrière Itaituba ce sont des jardins
généralement peu entretenus, des projets de rues, de la « capoeira ». Entre la
ligne de maisons et la rivière deux palmiers royaux, quatre manguiers et
quelque chose, qui n'est ni prairie, ni pelouse, ni place publique, mais qui participe des trois. Le lieu est assez malsain. De plus, les habitudes y étant absolument celles de nos petites villes d'Europe, on conçoit qu'un séjour de trois
semaines puisse parfois y paraître plus long que trois ans à Pará ou au sertão.
La capitale ou le désert ! — Il est des gens qui pensent qu'il faut avoir une
bonne dose de philosophie pour pouvoir vivre ailleurs que dans les grands
centres ou la grande solitude.... Toutefois ce n'était pas l'avis de César, qui
disait qu'il valait mieux être le premier dans une « freguezia » que le second
à Rome !

Miritituba, en face d'Itaituba, sur l'autre rive, répondrait mieux à ce programme de solitude où l'on est forcément le premier. En effet, on n'y voit en réalité qu'une seule maison, celle de M. le colonel Bernardino Correia de Oliveira. Un peu en aval se trouve bien la maison d'un habitant dont je ne suis pas parvenu à connaître le nom, et un peu en amont la maison de M. Antonico Bentes, associé de M. Bernardino pour une exploitation dans le São Manoel, — mais là, dans son Mirititiuba, Bernardino est bien chez lui comme César le fut dans Rome jusqu'aux « ides de mars ».

Ajoutons qu'il existe à Itaituba un piano supportable et nous aurons suffisamment esquissé la physionomie du centre Itaituba-Miritittubense.

Et maintenant, jusqu'au départ — (qui ne devait avoir lieu que le 22!) — ce ne sont plus que des accès de fièvre et des visites.

Nous sommes logés dans la maison où mourut, il y a quelques semaines, un ingénieur suisse, M. Gustave Toepper, qui faisait de l'arpentage dans le Tapajoz. Je ne sais si c'est l'air de la maison mortuaire ou bien

Itaituba. Groupe sous les manguiers.

l'atmosphère un peu lourde et fiévreuse de ce Bas Tapajoz, mais nous ne tardons pas à tomber tous les trois malades : Mme Henri Coudreau que deux années de séjour et de voyage dans le Contesté franco-brésilien ont pourtant passablement acclimatée, moi, et un jeune parent récemment venu avec nous pour tenter de la colonisation sur les bords de l'Amazone,

2

M. Léon Rabourdin, qui veut s'initier à sa vie de planteur par un petit voyage d'études à travers le Brésil.

Pour ce qui est de mes fièvres et de celles des miens, je n'ai pas coutume d'en tenir statistique. Aussi bien puis-je affirmer, sans crainte d'être poursuivi pour exercice illégal de la médecine, que je connais contre toutes ces bénignes fièvres amazoniennes un spécifique souverain : il faut voyager un peu! Or, c'est précisément ce que nous allons faire.

Pour ce qui est des visites, on pourrait les éviter de la même façon, mais, outre que ce ne serait pas convenable, on y perdrait quelquefois un plaisir, comme, par exemple, quand il s'agit de recevoir M. Bento Candido de Moraes, substitut du juiz de direito, M. l'Intendant Adrião Caldas et sa dame, M. Lages et son excellente famille, et aussi M. Bernardino Correia de Oliveira, qui doit me donner des facilités pour mon voyage au Haut Tapajoz ; et Dona Xica et sa famille, et M. Jacob Essucy, etc....

Entre les préparatifs de départ la vie est triste dans tous ces lointains villages. D'ici je n'ai gardé avec intensité que le souvenir d'un grand silence qui, sur les trois heures de l'après-midi, tombe, avec lourdeur, d'un ciel d'orage sur la terre assoupie ; et aussi de quelques bœufs mélancoliques paissant la place publique entre les quatre manguiers et les deux palmiers royaux. Cela a quelque chose de biblique, cela se passera sans doute ainsi au jour du jugement dernier : une obscurité presque complète tombant en plein jour d'un ciel bizarre.... Ah! si nos écrivains et nos peintres de nouvelles écoles savaient ce qu'ils perdent à ne pas connaître l'Amazonie !...

Les dernières difficultés pour l'organisation du voyage ayant été aplanies par M. Sarmento, député de la région au Congrès de Pará, il est entendu que nous traversons aujourd'hui 19 août pour aller attendre à Miritituba, chez M. Antonico Bentes, que tout soit prêt pour que celui-ci nous conduise au Chacorão, un peu en aval du confluent du Alto Tapajoz et du São Manoel. Du Chacorão je me déterminerai selon les circonstances, pour poursuivre l'achèvement de ma mission.

CHAPITRE II

Après quelques-unes de ces heures qui sont bien les plus émouvantes qui soient dans la vie — les heures qui précèdent immédiatement les grands départs — nous partons de Miritituba à huit heures du matin, aujourd'hui jeudi 22 août 1895.

Nous laissons derrière nous l'agglomération Itaituba-Miritituba et ses trois igarapés : le Piracana, le Bom Jardim et le Sambury, les deux premiers rive gauche et le dernier rive droite ; les deux premiers avec leurs seringaes exploités et le dernier avec ses terres basses présentant, paraît-il, derrière Miritituba, quelques petites savanes passablement noyées ; les deux premiers de quelque importance, le dernier simple ruisseau.

Puis nous nous engageons dans les « paranamirim[1] » des ilhas do Curral, petit archipel où apparaissent déjà quelques campos de peu d'étendue. Sur la

---

1. *Paranamirim* : le plus petit bras d'une rivière partagée en deux bras par une longue île.

rive droite, en terre ferme, s'espacent sept habitations se préoccupant déjà de
l'élevage du bétail, mais ne traitant encore, à peu près exclusivement, que de
la récolte du caoutchouc.

En face de la pointe d'amont de l'ilha Grande do Curral débouche l'igarapé
do Capituan, où travaillent au caoutchouc un assez bon nombre de Maranhenses
et de Cearenses, puis, après avoir passé l'igarapé d'Itapeva et la bouche du lac
du même nom, nous arrivons à Païny, où nous passons la nuit.

Païny se compose de deux habitations, dont l'une paraît avoir été autrefois
importante ; aujourd'hui toutes les deux menacent ruine.

A une petite distance en amont de Païny, le Tapajoz présente la première
d'aval en amont de ces *enseada*, ou de ces *baixio*, — espèce d'anse d'apparence circulaire, — bas-fond produisant un élargissement de la rivière, — que
l'on trouve assez fréquemment sur tout son parcours ; c'est l'enseada de
Tatucuara, qui occasionne aux grosses eaux, pour doubler la pointe de Tatucuara, un courant des plus violents et beaucoup plus périlleux que beaucoup
de cachoeiras[1].

Dans l'enseada de Tatucuara, débouchent, rive méridionale, deux igarapés :
le Xururu et le Tapacura, ce dernier assez important.

Le Tapacurá accompagne assez longtemps le Jauamaxim dans son cours
vers le sud-est. A une heure de canot de l'embouchure, le Tapacurá présente,
paraît-il, une grande chute. C'est à cette chute, appelée aujourd'hui cachoeira
dos Americanos, que des Américains du Nord établirent, voici déjà quelques
années, une scierie sur la réussite de laquelle on ne paraît pas être bien fixé....
« Les Américains, me disent les gens du Tapajoz, les Américains, un beau
jour, firent une grande excavation..., trouvèrent on ne sait quoi..., s'en
allèrent et ne revinrent plus !... »

C'est par le travers de l'enseada de Tatucuara que commencent les premiers
campos de quelque extension. De l'igarapé d'Itapewe à l'igarapé do Primoto
s'étendent, dans l'intérieur, des campos d'assez bonne qualité où J.-L. Cardozo,
du Chacorão, entretient actuellement un troupeau d'une centaine de têtes de
bêtes bovines. En face, dans l'île du Tapucú, d'autres campos se prêteraient

---

1. La *cachoeira* est le rapide plus ou moins long, plus ou moins violent, représentant un dénivellement plus ou moins considérable ; le *salto* est la chute à pic, le « saut ».

fort bien, paraît-il, à l'élevage du bétail. Enfin, d'autres campos, de qualité
médiocre il est vrai, s'étendent, sur la rive droite, de la hauteur du canal du
Tapucú à la hauteur de l'île de Goyana.

L'île de Goyana, — ou plutôt l'enseada de Goyana, entre l'île du même
nom, la terre ferme et l'île de Lauritania, — l'enseada de Goyana est actuellement, et, aussi bien, est forcément, pour toujours, le terminus de la navigation libre du Bas Tapajoz en amont.

En effet, sitôt passé la Goyana[1], on prend, dès la partie amont de l'île de
Lauritania, les premiers courants de la cachoeira du Maranhãozinho. Et à partir
de Maranhãozinho ce ne sont plus que *cachoeiras, travessões, saltos, bancos*
jusqu'aux frontières et même jusqu'au cœur de Matto Grosso. En aval du
Goyana-Lauritania c'est le rio libre, accessible aux vapeurs; — en amont c'est
le rio obstrué, bondissant de chute en chute, courant de rapide en rapide; —
en aval c'est la vallée amazonienne; — en amont c'est le plateau central brésilien. Après bien des tâtonnements, on s'aperçoit aujourd'hui que le point tout
désigné pour être le chef-lieu du Tapajoz navigable, c'est le point de contact
avec le Tapajoz des chutes. Je serais bien étonné si je ne voyais pas s'élever,
d'ici quelques années, sur les bords de l'enseada de Goyana-Lauritania, quelque
petite cité à développement rapide....

En attendant, une dizaine d'habitations, tout au plus, se sont édifiées sur
le pourtour de la vaste enseada. Sur plusieurs points le vapeur accoste en
tout temps, on jette une planche du pont du navire à la terre, et c'est là le
trapiche! A Goyana, à Bella Vista, à Lauritania, ce sont exactement les mêmes
facilités.

C'est de Lauritania, petite île de 39 hectares, propriété du très sympathique
M. Joaquim Cunha, que nous partons pour prendre tout de suite LES CACHO-
EIRAS!... Quelque habitude qu'on ait de ce genre de voyages, ce n'est pourtant pas sans un petit frisson dans la région du cœur qu'on va se mettre
encore une fois à lutter contre les grandes eaux furieuses des rivières
héroïques. Poésie! dira-t-on. Un proverbe local répond : *Il n'y a pas d'enfer
pour les cachoeiristes, car ils ont assez fait leur purgatoire.*

---

1. L'île de Goyana doit son nom, paraît-il, à ce que ce serait une femme de Goyaz qui l'aurait
habitée la première.

Pourtant il y a une attirance dans ce danger. On a beau avoir chaviré plusieurs fois dans les chutes, on ne peut pas se passer de les affronter à nouveau. Ce périlleux exercice devient bientôt une émotion nécessaire. Les accidents ont beau être assez fréquents, on ne peut pas se représenter ce danger autrement que comme vaincu d'avance. Et c'est peut-être *parce que* la rivière a des chutes qu'elle se peuple et non pas *malgré* qu'elle en ait. Cela n'interrompt en rien la vie, la vie en est seulement plus intense.... Nous partons avec 166 lettres pour les habitants de l'intérieur ! Et chacun des canots qui monte emporte ainsi une « poste » plus ou moins importante....

CACHOEIRAS DU BAS TAPAJOZ : *Maranhãozinho, Maranhão Grande, Fornos, Cuatá, Trovão, Apuhy, Uruá, Curimatá, Tamanduá, Buburé.* — En quittant Lauritania on prend tout de suite *Maranhãozinho*. Cette cachoeira est divisée longitudinalement en deux parties par la grande île du Tacuará. Rive gauche c'est le grand bras de la rivière avec une cachoeira qui n'est pas bien impétueuse mais qui présente des remous périlleux. Rive droite, une assez grande île divise le bras oriental de la rivière en deux canaux : le canal Novo et le canal Grande présentant chacun trois « travessões » de cachoeira. Enfin le Furo do Pucú, qui débouche en face de Bella Vista, ne présenterait aux grosses eaux que de simples courants et permettrait ainsi d'éviter, pendant une partie de l'année, la plus grande partie de la cachoeira, d'ailleurs peu dangereuse, de Maranhãozinho.

A la pointe méridionale de l'île de Tacuará on rencontre encore quelques courants que l'on peut considérer comme appartenant au système du Maranhãosinho.

Immédiatement au-dessus la rivière est comme barrée par la chaîne du Maranhão Grande : Serra do Tracuá, montagne du Fréchal, montagne du Maranhão Grande, montagne dos Fornos, rive gauche, et Serra do Gervasio, rive droite.

Le système du *Maranhão Grande* est triple : la chute centrale écumeuse et violente mais peu élevée ; la Cachoeira de sortie du Furo du Fréchal, rive gauche, et trois petits bras entre des îles : d'aval en amont, Periquito, Maracanã, Papagaio, permettant, au choix, ou plutôt selon la force des eaux, d'éviter Maranhão Grande. L'hiver on se sert généralement de l'un de ces trois bras :

soit Papagaio, soit Maracanã, soit Periquito ; mais pour ce qui est du Furo de Fréchal il présente, d'après ce qu'on dit, encore plus et de plus mauvaises cachoeiras que le grand bras de la rivière : personne n'y passe.

Un peu au-dessus de Maranhão Grande : *Fornos*. Fornos n'existe en réalité qu'aux grandes eaux, mais alors elle est périlleuse, non seulement à cause de

Apuhy, pancada du nord.

la force de son courant, mais surtout en raison de ses remous qui poussent violemment les embarcations sur les rochers.

C'est à Fornos qu'est établi l'excellent Boaventura, un des passeurs et sauveteurs les plus accrédités des cachoeiras du Bas Tapajoz. Elles sont déjà nombreuses les victimes de l'Apuhy que Boaventura a sauvées. Lui ou ses hommes entendent des cris, des appels désespérés : c'est quelque naufragé qui ne veut pas mourir, — Boaventura va faire une bonne action de plus !

Pour aujourd'hui, dimanche 25 août, elle est en fête la maison de Boaventura. Il y a théâtre ! C'est un danseur de corde et son « paillasse » — tous deux

Cearenses, je crois — qui, en maillot, costumés comme de vrais artistes de la
çorde raide, nous donnent une représentation. Recette à Fornos, pour une
séance d'une heure, 32 milreis. Quelle ressource ! et quelle heureuse et philo-
sophique existence pour nos désabusés de l'équilibre européen !

26 août. — Flanqués de notre équilibriste, qui rame maintenant sur notre
galère, nous traversons de Fornos à l'île du Cuatá.

Deux petites cachoeiras, périlleuses en ce moment, Cuatá et Trovão, coupent
le canal oriental de la rivière ; le canal occidental ou Braço de *Cuatásinho*,
qui ne présente que la cachoeira du même nom, n'a pas suffisamment d'eau en
ce moment pour que nous puissions y passer notre igarité[1]. Le Cuatásinho
n'est pas praticable l'été, il est encombré de roches couvertes d'une végétation
de buissons rachitiques, formant comme un taillis rejoignant les deux forêts
voisines.

La petite île du Cuatá est la première des deux grandes stations du chemin
par terre, — Cuatá et Apuhy, — dans le passage des cachoeiras du Bas Tapajoz.
Les cachoeiras du Cuatá et du Trovão se passent à canot vide, les marchandises sont transportées par terre. Aussi, pour peu qu'on ait quelque chance,
sont-ce plusieurs jours perdus à cette fastidieuse besogne : porter à dos
d'homme, par de mauvais sentiers, des marchandises fragiles ou encombrantes.
Arrivés le 26 août à l'île de Cuatá, nous ne parvenons en amont d'Apuhy, chez
Manoelzinho, à environ une lieue de là, que le 2 septembre au soir.

Cuatá est un court et puissant rapide, aux grosses eaux ; il forme entonnoir
par ses remous. Ce n'est qu'à la rivière pleine qu'on prend, rive orientale, par
un étroit canal dans les roches, canal déjà presque à sec dès les eaux moyennes.

Trovão, en dépit de son nom formidable[2], n'est qu'une cachoeira de troisième ordre, ni bien bruyante, ni bien dangereuse.

Apuhy est une des cachoeiras les plus puissantes du Tapajoz. Dans le bassin
central des Apuhy, espèce de cirque rétréci à moins de 100 mètres de dia-
mètre, tout le Tapajoz tombe par quatre brèches, qui sont autant de formidables

---

1. L'*igarité* est la plus grande embarcation à laquelle on puisse faire passer les cachoeiras ; il en
est de 7 à 8 tonnes de charge. On se sert ordinairement de la *montaria*, beaucoup plus petite, — quand
on a peu de charge à transporter.

2. *Trovão* : tonnerre, bruit du canon.

cachoeiras : le *rapide de la Plage* presque à sec l'été, mais d'une grande impétuosité aux grosses eaux, le *canal Novo*, qui est celui que l'on prend le plus ordinairement pendant la plus grande partie de l'année, le *canal de l'Ouest*, que l'on n'a guère pratiqué jusqu'à présent, et le *canal du Nord*, offrant une pancada d'environ trois mètres presque à pic.

Un grand nombre de monticules de cinquante mètres d'altitude relative au maximum, parsèment les rives de l'Apuhy. De la petite plage de sable d'où

Apuhy. Le canal Novo.

part le sentier de portage des marchandises, le cirque d'Apuhy paraît comme un étang parmi les collines.

Toute cette région de l'Apuhy est étrange. D'énormes rochers, dont quelques-uns bien à pic, parsèment le lit du cirque, ne disparaissant jamais, même sous les plus grosses eaux. De tous les côtés, au nord, au sud, à l'est, à l'ouest, ce sont des chutes, quelques-unes, « saltos », à pic, les autres impétueuses cachoeiras.

Au-dessus d'Apuhy les autres cachoeiras du Bas Tapajoz sont beaucoup moins importantes.

Uruá, *Curimatá*, *Tamandua* et *Buburé* ne sont que des rapides n'offrant

3

guère de risques avec un bon canot et un bon pilote; toutefois, l'hiver, la cachoeira de Buburé présente quelque danger.

C'est par le travers de Buburé, par derrière l'île des Abitibo, que se trouve l'igarapé Taborary, igarapé non navigable et qui ne serait pas digne de mention, si l'on n'y rencontrait assez bon nombre de seringaes exploités.

5 septembre. — Nous nous arrêtons aujourd'hui au-dessus de la cachoeira do Buburé, à la case du pilote Antonio Bahia, pour réparer notre igarité, qui s'est endommagée en passant Tamanduá.

En arrivant à l'endroit dénommé Maciel, appartenant aujourd'hui à M. Gualdino, on est en dehors de ce qu'on est convenu d'appeler « les cachoeiras du Bas Tapajoz ». En amont les cachoeiras se continuent, plus ou moins fortes, plus ou moins périlleuses, mais enfin ce ne sont plus « les cachoeiras du Bas Tapajoz », puisqu'elles se poursuivent jusque sur les frontières de Matto Grosso et même au delà....

Cette dénomination équivoque de *cachoeiras du Bas Tapajoz* a dû faire croire à un moment donné qu'au-dessus de Buburé la rivière était libre. En effet on s'expliquerait difficilement sans cela l'insistance qu'on a mise récemment à vouloir faire un chemin contournant les cachoeiras du Bas Tapajoz. Il ne s'agissait rien moins que d'établir un chemin de l'igarapé Piranga en face de l'île Tapucú à l'embouchure de l'igarapé du Pimental, pour passer d'un seul coup toutes les fameuses « cachoeiras du Bas Tapajoz ». L'ingénieur chargé de ce service n'eut pas de peine à constater, tout récemment, que, outre que ce chemin serait extrêmement dispendieux à établir, ayant à traverser plus de deux douzaines d'igarapés, furos, paranamirims ou ingapós, il ne serait en réalité d'aucune utilité, puisqu'il se bornerait à remplacer par un unique portage long, fatigant, ruineux, les quelques portages existant actuellement, tous établis « au plus court » et dans des conditions de viabilité parfaitement suffisantes, non seulement pour les besoins actuels, mais sans doute aussi pour longtemps.

Le plus piquant c'est que cette romanesque « *estrada des cachoeiras du Bas Tapajoz* » que, par deux reprises, on a cherché, à grand renfort de dépenses peu productives, à établir rive droite, existe déjà rive gauche, où personne ne s'en sert. L' « estrada » générale des cachoeiras du Bas

Tapajoz est faite, tout le monde le sait très bien dans la région ; elle va de la case de João Augusto à Buburé, d'où une « picada » la prolonge jusque chez Gualdino.

On met environ deux heures à parcourir l'estrada, puis la picada de João Augusto à Gualdino, et *vice versa*. Le senhor João Augusto a même un âne qu'il emploie au chargement des bagages. Mais comme ledit João Augusto en demande 100 reis (10 centimes au change actuel) par kilo, les intéressés trouvant ce péage excessif et ne voulant pas, sans doute, faire eux-mêmes la dépense d'un âne, préfèrent passer par les portages habituels....

C'est dans cette région des deux « estradas » — celle qui existe déjà et dont on ne se sert pas et celle qu'on veut faire sans y parvenir — que le Tapajoz présente le curieux phénomène de deux importants canaux naturels l'accompagnant, l'un rive droite, l'autre rive gauche.

Le canal de droite s'appelle le *Cabolino* ; il commence un peu en aval de l'embouchure de l'igarapé de Pimental et va s'unir au Tapajoz un peu en amont de la cachoeira dos Fornos. Entre son entrée au Pimental et sa sortie à Fornos, il présente deux déversoirs sur la grande rivière : l'un est le Furo de la plage du Apuhy et l'autre le Furo du Possão, ce dernier se bifurquant lui-même en deux embouchures.

Le Possão est un lac temporaire alimenté par le Cabolino ; l'hiver le Possão est navigable, l'été il est en partie desséché. Le Possão se trouve à peu près par le travers de Cuatá ou d'Apuhy.

Le canal de gauche s'appelle le *Fréchal*, commence un peu en aval de l'entrée du canal Novo à l'Apuhy et s'unit au Tapajoz presque en face mais en aval de la cachoeira du Maranhão Grande.

Le Fréchal est lui-même encombré de chutes, au point de n'être d'aucune utilité pour la navigation, l'été parce que ses chutes, trop à sec, sont périlleuses, l'hiver parce que ses courants sont d'une excessive violence.

Le Cabolino, au contraire, est praticable presque toute l'année ; toutefois, seulement pendant les eaux moyennes et grosses, pour les fortes embarcations. Le Cabolino présente trois « bancs » ou « sauts » passablement dangereux pendant une partie de l'année. Toutefois, à l'époque des grosses eaux, les igarités ou montarias qui descendent prennent le plus souvent par le Cabolino, tandis qu'on ne peut, en aucun temps, songer à utiliser le Fréchal.

6 septembre. — Immédiatement au-dessus de la maison de M. Gualdino, — les cachoeiras du Bas Tapajoz étant toutes passées, bien entendu — on arrive à la *cachoeira du Mergulhão*, qui n'est pas bien dangereuse, il est vrai, mais qui l'est tout autant que Buburé, Tamanduá et les autres petites cachoeiras du Bas Tapajoz.

C'est à l'igarapé du Mergulhão et à l'île du Mergulhão que sont les deux installations de M. Augusto da Costa et de sa famille, qui est une des plus nombreuses du Tapajoz.

Ces deux établissements ne comptent pas moins d'une quarantaine de personnes, presque toutes occupées à l'extraction du caoutchouc, soit dans l'île du Mergulhão et les îles voisines, soit en terre ferme.

Cette région est passablement peuplée. Un peu en aval, à l'igarapé Mambuahysinho, qui est rive gauche, on ne compte pas moins d'environ 5oo Maranhenses, également tous au caoutchouc.

C'est par le travers de l'île du Mergulhão que se trouve, par derrière l'île da Cobra qui la cache, l'embouchure de l'importante rivière Jauamaxim, qui s'unit là au Tapajoz, après avoir traversé une importante chaîne de montagnes qui paraissent passablement élevées, vers la rive gauche.

Rivière Jauamaxim. D'après tous les renseignements que j'ai pu recueillir, le Jauamaxim serait une rivière de la plus grande importance; de tous les affluents du Tapajoz c'est le Jauamaxim qui est, après le S. Manoel, le plus important.

Le Jauamaxim présente de nombreuses cachoeiras, qui sont, d'aval en amont :

1. *Periquito*,
2. *Manelão*,
3. *Bebal*,
4. *Jacaré*,
5. *Boa Esperança*,
6. *Capão*,
7. *Cahi.* On admire, à cette cachoeira do Cahi, d'énormes roches empi-

lées, monumentales, maintenues en bizarre équilibre les unes à la cime des autres.

Les Parintintins, aujourd'hui, ne descendent pas plus bas que Cahi. Ils y ont été attaqués il y a trois ou quatre ans; les civilisés en firent un massacre; toutefois les Indiens se battirent très bravement.

Autrefois ils descendaient beaucoup plus bas et même jusqu'à l'embouchure. En effet, c'est à une certaine petite île Ubebal, à trois heures du confluent, que fut fléché un « M. Parintintin » qui, me semble-t-il, travaille aujourd'hui avec M. Almeida Campos du côté du Cupary.

Au-dessus de Cahi se trouvent :

8. *Travessão*,

9. *Ananaz*,

10. *Apuhy*,

11. *Urubucuara*.

On passe toutes ces cachoeiras, jusqu'à Urubucuara inclus, en quatre ou cinq jours. Toutefois le parcours de la rivière ne serait, n'étaient ces cachoeiras, que de un jour et demi à deux jours en montant.

Au-dessus de la cachoeira d'Urubucuara, c'est « rio morto ». Un des plus considérables parmi les habitants du Jauamaxim, M. Macedo, propriétaire de l'île de Goyana, habite un peu en amont de la cachoeira d'Uurubucuara, dans une île. (Presque tous les habitants du Jauamaxim habitent dans les îles, par crainte des Parintintins et aussi à cause de la plus grande abondance des seringaes dans les îles qu'en terre ferme.)

De la cachoeira d'Urubucuara au rio Tiocantins, affluent de la rive droite ou septentrionale, ce sont de deux à trois jours en montant dans le rio sans cachoeiras. Le Tiocantins est le plus important affluent du Jauamaxim, le plus large, le plus riche en seringaes non encore exploités. Là aussi ce sont principalement les îles qui offrent les plus riches seringaes.

Du confluent du Tiocantins au confluent de l'Aruri, affluent de la rive gauche ou méridionale, il faut remonter le Jauamaxim un ou deux jours.

Toutes les cachoeiras du Jauamaxim sont fortes, cependant il n'en existe pas une seule de la force de Salto Augusto ou du Salto Grande du Crépory.

De la cachoeira d'Urubucuara à l'Aruri on compte très peu d'habitants.

Dans l'Aruri on trouve des habitants civilisés jusqu'à un jour et demi en amont du confluent; dans le Tiocantins on en trouve jusqu'à trois ou même quatre jours.

Le Jauamaxim, l'Aruri et le Tiocantins peuvent compter ensemble environ 3oo civilisés principalement Maranhenses et ensuite Cearenses. On n'y trouve ni Indiens civilisés ni même Indiens *mansos*.

On ne connaît ni campos ni campinas dans toute cette région.

Pour ce qui est du haut bassin du Jauamaxim, c'est en réalité un véritable Jauamaxim du Nord que ce Tiocantins ; le bras méridional du Jauamaxim qui conserve le nom de la grande rivière n'est guère plus important : on peut les dire à peu près complètement égaux comme débit.

Le Tiocantins, d'après des renseignements qui paraissent dignes de foi, communiquerait par des lacs (ou plutôt par des marais plus ou moins à sec l'été) avec un bras du Xingú.... On a trouvé dans le Haut Tiocantins la coque brisée d'un canot civilisé que l'on suppose provenir du Xingu par le moyen de quelque communication par eau qui existerait avec cette rivière....

Les Mundurucús du Crépory vont fréquemment, par les campos, en excursion jusqu'au Tiocantins, dont leurs malocas arrivent aujourd'hui tout près. Ils y vont chasser; peut-être y sont-ils installés déjà d'une façon permanente....

C'est, paraît-il, dans les hauts Parintintins du Jauamaxim, du Crépory, du rio das Tropas et du Caderiry que vivent les Indiens. L'été ils voyagent pour la chasse et les aventures, et, avant l'hiver, ils s'en retournent dans leurs forêts d'entre Tapajoz et Xingu; — il semble cependant qu'ils appartiendraient plutôt au bassin de cette première rivière.

Les Parintintins sont en guerre continuelle avec leurs ennemis les Mundurucús et les Carajás, mais ils sont en paix avec les civilisés.

D'après quelques habitants du Jauamaxim et du Crépory les Parintintins seraient plus susceptibles de civilisation véritable que les Mundurucús, ils auraient davantage le goût de nos mœurs. Toutefois, disséminés par petits groupes dans leurs forêts, sans cohésion, ils seront nécessairement pénétrés et assimilés soit par les civilisés, soit par les Mundurucús. Leur stratégie enfantine, qui les a poussés à s'éparpiller en petits villages pour mieux échapper aux Mundurucús, — pour tromper plus facilement les attaques de l'ennemi ! —

leur statégie ne les servira guère, car les Parintintins sont les maîtres d'une partie des secrets d'entre Tapajoz et Xingú, par conséquent les civilisés ne tarderont pas à venir, en amis, espérons-le, traiter avec ces intéressants indigènes....

Les Parintintins passent tous les ans, paraît-il, par les estradas de caoutchouc des civilisés du Crépory, du Caderiry, et aussi, paraît-il, du Tapajoz. Ils vont, ne faisant de mal à personne.

Ils portent les cheveux très longs, quelques-uns même ne les couperaient point : « Ils s'en enveloppent quand il pleut, » m'a dit avec gravité je ne sais plus quel excellent sertanejo, qui ne les avait sans doute jamais vus.

Les Parintintins iraient complètement nus et seraient fort peu tatoués, seulement quelques signes au visage. Enfin ils seraient sobres, honnêtes, remplis de qualités....

On dit encore qu'ils parleraient à peu près la même langue que les Mundurucús et qu'ils se comprendraient avec ces derniers sans le secours de la lingua geral.

Tout de suite en amont de l'embouchure du Jauamaxim on rencontre une des maisons les plus importantes du Tapajoz, celle de M. Braulino, qui est en ce moment dans la rivière voisine, où il a ses intérêts ; toutefois c'est, m'a-t-on dit, à peu de distance dans le Jauamaxim que M. Braulino travaille avec son personnel.

Du confluent du Jauamaxim à Fechos, le Tapajoz, dans la grande courbe qu'il décrit vers le nord, présente un nouveau caractère : après les cachoeiras ce sont les bas-fonds.

Du Mergulhão à Urubutú ce sont des bas-fonds sableux que les eaux diminuées de l'été ne recouvrent que de quelques centimètres. L'obstacle des roches, des rapides et des chutes ne suffit pas : il y a aussi les bas-fonds de sable. L'été on n'a ici que quelques centimètres d'eau. Il y a bien des sections du Tapajoz où de chute à chute, de rapide à rapide, une petite lanche à vapeur elle-même ne trouverait pas à naviguer pendant plus de quatre mois de l'année....

Après avoir passé, par le travers de la pointe d'aval de l'Ilha Brazileira, la case d'un brave homme appelé Antonio Piauhy, dont je garde le meilleur souvenir, puisque c'est là que, pour la première fois au Tapajoz, j'ai pu boire du lait frais, on arrive, un peu plus loin, à une région passablement peuplée.

Les deux maisons les plus importantes de cette région sont celles de Januario dos Santos Rocha, rive gauche, à l'embouchure du Mambuahy, et celle de Tampa, rive droite, cette dernière offrant une des plus belles vues de la rivière.

Après avoir longé, pendant près de trois heures, la grande île du Mambuahy, nous arrivons, dimanche 10 septembre, à Urubutú, chez José Pereira Brazil.

Brazil, ancien officier de l'armée, est une des personnalités les plus considérables du Tapajoz. Il m'a d'ailleurs rendu trop de services pour que je me permette de dire tout le bien que je pense de lui.

Brazil travaille dans l'Urubutú Grande; il a là un personnel d'environ soixante-dix seringueiros, hommes et femmes, Maranhenses, Cearenses et Paraenses, lui produisant une assez forte quantité de borracha.

Immédiatement au-dessus de Brazil le Tapajoz présente un singulier phénomène : la rivière qui, en différents endroits de son parcours en amont d'Apuhy, présentait près de 1 kilomètre de largeur, est soudain rétrécie et ne présente plus de Féchos à Ubiriba qu'une largeur qui ne dépasse guère 150 mètres, pour ne retrouver sa largeur normale qu'un peu au-dessus de l'ilha da Montanha.

De nombreuses collines rocheuses presque abruptes, de 100 mètres environ d'altitude relative moyenne, couvertes d'une végétation abondante mais de petite venue, accompagnent tout le défilé des Féchos.

Une cachoeira, qui n'est qu'un rapide peu dangereux (du moins aux basses eaux), la *cachoeira do Acara*, coupe tout le défilé un peu en aval de la case de Antonio Alves, où nous nous arrêtons après une demi-journée de voyage au-dessus de chez Brazil.

C'est presque en face de chez Antonio Alves que se trouve la fameuse ilha da Montanha, qui n'est, en effet, qu'un morne d'une centaine de mètres de hauteur tombant à pentes brusques dans la rivière.

Presque par le travers, c'est l'igarapé du Montanha, qui est la frontière méridionale des Maués.

Les Indiens Maués vont de l'igarapé da Montanha jusqu'aux environs de

Parintins. Ils sont tous sur la rive gauche, dans l'intérieur, à un jour de marche ou deux de la grande rivière ; c'est dans l'Arapium que serait, paraît-il, la force de la nation. Il y a aussi, dit-on, un assez grand nombre de Maues dans le Tapacurá Mirim et surtout dans le Tracuá, affluent de gauche et dans l'Arichi, affluent du Tracuá. Au sud dans l'intérieur, les derniers Maues sont à l'igarapé du Tucunoa, à trois heures de chez Pimenta et à quatre de chez Brazil.

Les Maues, qui étaient autrefois de grands producteurs de guaraná, ont

Maison de Brazil, à Féchos.

aujourd'hui à peu près complètement délaissé ce travail pour celui de la borracha. On n'évalue pas aujourd'hui à plus de 100 arrobas (1500 kilos) la quantité totale de guaraná produite par le pays maues.

Les Maues seraient, paraît-il, aujourd'hui encore assez nombreux. De vieilles statistiques les évaluaient à 4000. Toutefois, d'après les personnes qui connaissent le mieux ces Indiens, il serait sans doute difficile d'en compter plus de 1500 aujourd'hui. Comme tous les autres Indiens, ils se fondent dans l'élément civilisé ou s'éteignent.

On dit, les Maues eux-mêmes l'affirment, qu'il y aurait dans l'intérieur, au sud et au sud-ouest de l'igarapé da Montanha, des Maues *bravos* avec lesquels les Maues *mansos* n'auraient plus aujourd'hui de relations d'aucune sorte.

4

Le plus méridional de tous les Maues mansos me paraît être le pilote que nous venons de prendre en passant à Montanha. C'est un personnage qui me décline ainsi lui-même son état civil et ses mérites : « Manoel Lourenço da Silva, neto do finado Antonio Syriaco, aspirant tuxáua général des Maues de l'igarapé da Montanha à l'Amazone. Le recommander au gouverneur de Para et ne pas oublier que lui, Lourenço, a appelé ilha do Bom Gosto (!) le petit îlot où il abrite provisoirement, près de Montanha, ses aspirations à la royauté maues. » — C'est bien, mon garçon, je t'adresserai à l'Almanach de Gotha.

Pour le moment, pilote, pilotons! et foin des rêves de grandeur!

Voici la *cachoeira da Montanha*, qui n'est qu'une suite de rapides plus fatigants que dangereux.

Nous nous arrêtons ce soir chez MM. Pimenta et Araujo Cobre. Ce dernier est dans l'intérieur. M. Pimenta, qui reçoit excellemment, me remet ensuite aux mains du « tuxáua » Lourenço, qui veut bien consentir à passer une partie de la nuit à m'enseigner sa langue maues.

Vendredi 13 *septembre*. — Nous sommes en rivière dès le matin. C'est le matin d'un ciel d'été, ciel d'une douceur infinie pendant les premiers quarts d'heure de l'ascension lente du soleil au-dessus de l'horizon. Les rayons d'or s'élèvent dans le bleu tendre, et jusqu'à neuf heures tout est tendre et doux, le bleu du ciel et des eaux, le vert des rives et même la sensation générale de la vie. Les innombrables nuances du vert des rives endormies reluisent sous la palette veloutée du soleil, qui lentement monte au ciel, dans une apothéose de vert, d'azur et d'or.

Nous arrivons, dans cet enchantement, à l'enseada du Mangabal Grande entre la Ponta da Sapucaya et la Ponta Grossa, à l'entrée du Mangabal Grande.

Les rapides connus sous le nom de *cachoeira do Mangabal Grande* s'espacent entre l'enseada du même nom et l'ilha do Ingapó Assú. Les deux rives présentent, en cet endroit, parmi la masse ininterrompue des montagnes, plusieurs campinas maigres, dont l'herbe rase et jaune tranche avec le vert foncé des forêts.

Les rapides du Mangabal Grande ne sont guère dangereux. La rivière, parsemée de quelques douzaines d'îlots, présente partout et en tous sens d'innombrables courants, qui n'arrivent nulle part à former une cachoeira périlleuse. L'hiver, la rivière est pleine et la cachoeira disparait ; l'été, il faut parfois chercher son chemin dans le dédale des îlots agrandis, des rochers et des plages que les eaux ne recouvrent plus.

Après avoir passé le Mangabal Grande, nous nous arrêtons, ce dimanche 15 septembre, à l'ilha do Ingapó Assú, à l'une des six habitations que possède dans les environs M. Pedro da Silva Pinto, un des grands travailleurs de la rivière. Pedro Pinto a, comme tout le monde, des hommes au caoutchouc, mais il fait aussi de l'élevage et il a commencé une plantation de caoutchou-

Féchos, vue prise de l'enseada.

tiers qui ont déjà quelques années. Avec ses 500 têtes de bétail (180 têtes à l'ilha Norte do Ingapó Assú et 320 à l'ilha São George, un peu en amont, rive gauche), ses seringaes naturels en exploitation et ses seringaes plantés, Pedro Pinto représente pour le présent, et surtout pour l'avenir, une des « jolies situations » du Tapajoz.

Un des « posses » de Pedro Pinto est établi à l'ancienne Mission de l'Ingapó Assú, mission particulière établie à ses frais par un Frère non commissionné par le gouvernement. Le Frère resta là seulement peu de temps, il se rendit ensuite au Bacabal, à l'ancienne Grande Mission ; mais le succès ayant été médiocre aux deux endroits, le Frère, voici quelques années, s'en alla pour ne plus revenir.

C'est à l'igarapé do Ingapó Assú, en face de la maison principale de Pedro
Pinto, que se trouve, à une petite distance dans l'intérieur, la maloca Mundurucú la plus septentrionale des bords du Tapajoz. C'est une maloca d'une
trentaine de personnes, hommes, femmes et enfants, travaillant avec Pedro
Pinto.

Ce fameux Ingapó Assú, qui donne son nom à tout le district..., en réalité
n'existe pas! Sur les bords de l'igarapé de l'Ingapó Assú, où on le place d'ordinaire, on ne trouve que quelques petits ingapós (marécages) d'une étendue
fort restreinte; mais sans doute qu'à l'époque lointaine où cette appellation
fut acceptée, tous ces petits marais n'en faisaient-ils qu'un seul d'une grande
extension.... Ces phénomènes ne sont pas extrêmement rares dans ces
contrées.

Des îles de l'Ingapó Assú aux rochers de Cuatacuara, c'est la région de
l'ancienne MISSION DE BACABAL. Il ne m'appartient pas de faire ici l'historique
de cette Mission aujourd'hui complètement éteinte, mais restée bien vivace
dans la mémoire des habitants du pays.

Le fondateur et directeur de la Mission de Bacabal, le Fr. Pelino de Castrovalvas, réunit là environ 600 Indiens, à peu près tous Mundurucús. Il les
recruta sur les rives du Tapajoz jusqu'à la hauteur de Chacorão et de Aïri.
C'étaient, en totalité, des Indiens déjà civilisés, ayant travaillé ou même travaillant encore avec des patrons. Il n'eut personne des Campinas, il ne fit
d'ailleurs aucun voyage dans l'intérieur.

Les Indiens furent mis au travail. Ils moururent en très grand nombre.
Quand le Fr. Pelino quitta la Mission, des 600 Indiens il n'en restait plus
que 50 environ : tout le reste était mort. Et le Fr. Pelino fut inquiété pour
avoir été plus heureux dans ses affaires que dans son œuvre. Et il fut procédé
à une enquête qui n'aboutit point. Il y a de cela une vingtaine d'années. Et si
le Fr. Pelino revenait aujourd'hui de Rome, où il a su s'arranger, paraît-il, une
existence assez douce, il reverrait son pauvre Bacabal aussi désert que le jour
où il y aborda pour son œuvre de foi. A la place de sa Mission un instant
florissante, il ne retrouverait plus que cette inutile et triste ruine de forêt
vierge abattue : la mélancolique *capoeira*.

Bacabal est redevenu désert. Toutefois, sur ce point comme partout, là où

« l'entreprise » avait échoué, l'initiative privée réussit : le Tapajoz se peuple, rien que par l'effort individuel, et point n'est besoin pour cela d'entreprises subventionnées de peuplement et de civilisation.

Le Tapajoz se peuple, et dans l'avenir il se peuplera de plus en plus rapidement. Pour cela, il suffit à cette rivière de son climat et de ses beautés naturelles.

Où trouver rien de plus beau que les rochers de Cuatacuara? Qu'on imagine une muraille à pic, une grande muraille qui a de 100 à 150 mètres d'altitude relative sur environ 3 kilomètres de développement le long de la rivière. Des rochers abrupts dessinant un fronton d'édifice, un obélisque, d'informes mais gigantesques cathédrales; des aspects de forteresse cyclopéenne, et, dans la roche nue à sections perpendiculaires coupant nettement les stratifications, quelque chose comme des piliers à demi murés dans l'énorme masse, des chapiteaux géants, des fenêtres.... Partout la roche nue, sauf au sommet du monstrueux édifice, où s'étiolent de maigres buissons.... Sur les flancs abrupts, des végétations rares de palmiers et d'arbustes ou même de grands arbres semblent battre en retraite à la débandade dans la dégringolade d'un inutile assaut. Par endroits, des chapiteaux surplombant menacent de crouler en ruines bondissantes sur le canot qui passe au pied.... Plus loin, des mornes pelés, dont les broussailles jaunies cachent mal la nudité triste salie de taches glauques.... C'est parfois très artiste et parfois triste et laid, mais toujours grandiose, grandiose d'une tristesse navrée quand la pluie laisse tomber son ennui sur la terre, grandiose surtout quand le soleil déverse les mystères de sa lumière, de sa chaleur et de sa joie sur les aspects vieillis de l'Errante Maison de l'homme....

Cette région est aux curiosités naturelles : avant d'arriver chez Thiago (Thiago Ferreira Leal) où nous couchons ce soir, nous passons par la « Pierre de Cantagallo », rocher à dessins sur un petit banc qui découvre, pierre dessinée très fameuse, mais où, pour ma part, j'ai été un peu embarrassé de reconnaître la main de l'homme dans les lignes indécises où les gens du pays croient voir, parfois, un... cadran solaire !

C'est au sud-est de l'enseada que forme le Tapajoz avant d'arriver aux rochers de Cuatacuara que se trouve le confluent du rio Crépory.

En aval du São Manoel, le Crépory est, après le Jauamaxim, l'affluent le plus important du Tapajoz.

Voici quelles seraient, d'aval en amont, — d'après divers renseignements que j'ai contrôlés de mon mieux, tant au retour qu'à l'aller, — les principales cachoeiras du Crépory :

1. *Yauarétépó*, à un jour en amont du confluent ;

2. *Pacú*, à un jour en amont de la précédente ; longue et forte cachoeira ;

3. *Jacaré*, à un jour au-dessus de la précédente ; c'est une des fortes cachoeiras du Crépory ;

4. *Uacari*, à deux jours en amont de la précédente ;

5. *Cuyucuyú*, à deux jours en amont de la précédente, grande chute formant trois bancs — ou sauts — distincts. L'été, on ne peut passer que par terre ;

6. *Ronca-Pedra*, à une demi-journée au-dessus de la précédente ;

7. *Salto Grande*, à deux heures en amont de la précédente, se passe par terre ;

A deux heures en amont de Salto Grande, le Crépory reçoit, rive droite, un AFFLUENT IMPORTANT ;

8. A deux heures en amont de cet affluent important, un *Deuxième Salto Grande* qui est, paraît-il, « de la force » de Salto Augusto.

Les Mundurucús disent qu'au-dessus du Deuxième Salto Grande le Crépory n'a plus de cachoeiras, et que la rivière présente, dès lors, beaucoup d'îles et beaucoup de seringaes dans ces îles.

Toutefois, il n'y a plus de Mundurucús dans le Crépory, mais seulement beaucoup de Cearenses qui s'établissent jusque dans les hauts de la rivière. Des Mundurucús qui habitaient autrefois la rivière, il ne reste plus aujourd'hui que des « capoeiras » et des « tapéras ».

Le Crépory passe pour être une rivière parfaitement saine.

A une faible distance au-dessus de Thiago, par le travers de la pointe de Jacucuara, on prend une des grandes îles du Tapajoz, l'igarapé do Cantagallo, propriété de M. Thomas Nunes. C'est dans l'igarapé do Cantagallo que se trouve actuellement la maloca d'un vieux Mundurucú presque célèbre, le « tuxáua » Maribaxi, travaillant là, avec ses gens, au caoutchouc et aux cul-

tures. Indien typique, parait-il, ayant les oreilles distendues par l'usage —
qu'il a pourtant abandonné — des botoques, le vieux sauvage, qui parle fort
bien le portugais, a eu son éducation faite par de fins regatões auxquels
aujourd'hui il serait, dit-on, capable de rendre des points. On ne lui reproche
point, dans le milieu, la finesse de Klephte ou de Touareg avec laquelle il traite
les affaires; toutefois on trouve qu'il manque un peu de tact en se vantant

Notre tente et nos matelots.

d'une manière trop publique d'avoir été le justicier sommaire d'une vingtaine
d'individus plus ou moins Mundurucús qui gênaient la liberté de mouvements
de sa fière existence.

Dans sa propriété de Cantagallo et ses propriétés de terre ferme, M. Thomas
Nunès a créé quelques prairies artificielles où il commence à s'adonner à l'élève
du bétail.

Les *rapides de Cantagallo,* pour ne présenter ni de grands périls ni de
grandes difficultés, n'en nécessitent pas moins, en raison de leur extension, un
effort soutenu. En amont, ce sont les *rapides,* puis la *cachoeira du Manga-
balzinho,* que nous passons avec beaucoup d'eau et peu de difficultés.

Puis, après la nuit passée chez le bon Felisberto, vieux nègre cearense à peu près sourd flanqué d'une vieille Indienne encore plus sourde, tous les deux criant à assourdir des papagayes, — fort bonnes gens d'ailleurs, — nous reprenons (pour nous entendre enfin causer, à notre tour) la direction du Haut Tapajoz.

La rivière fait trêve aux cachoeiras : après une demi-journée de voyage sans avoir à lutter contre le moindre rapide, nous arrivons à l'ilha et au rio das Tropas.

Le RIO DAS TROPAS est aujourd'hui passablement peuplé, surtout de Maranhenses, toutefois il l'est beaucoup moins que le Jauamaxim ; il est peut-être exagéré d'évaluer à 200 personnes le chiffre total de la population civilisée de la rivière.

C'est également au caoutchouc que travaillent les habitants. Si le rio das Tropas n'est pas encore aujourd'hui plus peuplé, c'est sans doute à sa réputation méritée ou imméritée d'insalubrité qu'il le doit, car cette rivière présente cet avantage de pouvoir être remontée pendant plusieurs jours sans qu'on rencontre de cachoeiras.

Dans les hauts, le rio das Tropas, à six ou huit jours en montant, reçoit deux affluents de gauche assez importants, en aval le *Cabroá*, où existe une forte maloca mundurucú, et en amont le *Cubury*, qui n'est qu'un igarapé, mais où se trouve une des malocas mundurucús les plus importantes de la nation, celle de Macapá. Ces deux malocas sont dans les Campinas, à huit jours environ de voyage au-dessus de l'embouchure du rio das Tropas[1].

A une petite distance au-dessus de l'embouchure du rio das Tropas se trouve, rive gauche, la maison du vieux Guerra, une des plus originales et des plus sympathiques figures du Tapajoz.

A une petite distance au-dessus de Guerra, rive droite, se trouve l'installation d'un autre vieux Portugais, Manoel Antonio Baptista, surnommé Tartaruga.

C'est immédiatement en amont de Tartaruga que l'on prend la grande ilha de Jacaré Acanga, qui fait partie d'un archipel se continuant par les îles du *Cabetutú* jusqu'à l'embouchure de l'igarapé du même nom.

---

1. Aux derniers renseignements il ne restait plus aujourd'hui au rio das Tropas qu'une trentaine de Mundurucús, dont 11 hommes adultes. Ils seraient partagés en 3 malocas.

En amont des Cabetutú, le Tapajoz forme, est-ouest, un long estirão à l'extrémité duquel on trouve, rive droite, l'embouchure du Caderiry.

Le *Caderiry* est un igarapé peu important, de la force du Cabetutú, toutefois ces deux igarapés ont leurs sources dans les Campos. Les forêts de leurs parcours sont réputées d'un climat très sain. A un jour et demi au-dessus de son confluent, le Caderiry offre une petite cachoeira que l'on passe avec facilité. A un jour et demi plus haut, on rencontre les Campinas, et, à un jour de traversée dans les Campinas, c'est-à-dire à quatre jours du confluent, on trouve un petit saut peu important. Les Mundurucús les plus près de Caderiry sont ceux de la maloca de Décodème. Dans les campos du Caderiry, à égale distance entre cet igarapé et le Tapajoz, se trouve une autre maloca Munducurú, celle de *Samauma*.

C'est dans une région connue sous la désignation générale de Sáe Cinza que débouche le Caderiry. En amont le Tapajoz, coulant du sud-ouest et ensuite de l'ouest, enserre des îles assez importantes : les petites Ilhas do Curral, la grande Ilha dos Piranhas et enfin l'Ilha dos Ribeiros. Puis, au barrage de rochers d'Urubucuara, qui est le premier des 9 *travessões du Chacorão*, il présente à nouveau, d'aval en amont, la direction nord-est-sud-ouest.

Le Chacorão est une des plus importantes régions de rapides du Tapajoz ; avec Capueras, qui n'est que sa continuation, il constitue une section bien distincte et bien caractéristique dans l'économie générale de la grande rivière.

Les 9 travessões du Chacorão sont, d'aval en amont :

    I. *Urubucuara,*

    II. *Carmelino,*

    III. *Capoeira,*

    IV. *Banco,*

    V. *Cardozo,*

    VI. *Lage,*

    VII. *Anandhi,*

    VIII. *Biuá,*

    IX. *Porto Velho.*

Ces travessões du Chacorão sont autant de « bancs », barrant presque complètement la rivière. Les premiers jusqu'à Cardozo sont faits d'amoncellements de pierres et de cailloux que recouvre une broussaille de buissons maigres, faisant presque barrage aux eaux moyennes, mais complètement couverts aux grosses eaux.

Ce soir, mercredi 25 septembre, je termine ma première étape : nous voici en plein Chacorão, après trente-cinq jours de voyage depuis Itaituba. Le voyage a été long, et c'est en soupirant : « Enfin ! » que je débarque chez Cardozo.

CHAPITRE III

José Lourenço Cardozo, dit Cardozinho, propriétaire à Chacorão et à Tapucú, est une des personnalités les plus considérables et les plus sympathiques du Tapajoz.

Cardozo est au nombre des principaux éleveurs de la rivière. Outre sa ferme d'élevage de Tapucú, il a su encore utiliser son petit *campo* de Mucajatuba au Chacorão et dans ses prairies — campos améliorés ou campos artificiels — il a déjà une trentaine de têtes de bétail.

Parlant peu, réfléchi, intelligent, serviable, très probe, parlant le mundurucú aussi bien ou même mieux peut-être que personne au Tapajoz, de plus très estimé de ces Indiens dont il a, à juste titre, toute la confiance, Cardozo est, à mon sens, une haute personnalité, accentuée encore par une très grande modestie, que rehausse une grande douceur, qui n'est point exempte de finesse.

M. Bentes étant parti pour le S. Manoel, me voici dans les mains de Cardozo. Celui-ci m'arrange d'abord un patron, Vicente Teixeira Castro, qui demeure à l'Ilha das Pacas, à une heure et demie d'ici à la descente. Vicente me demande quelques jours pour ne rien laisser en souffrance chez lui, puis il viendra me prendre chez Cardozo pour suivre le voyage.

Aussi bien quelques jours de repos chez cet excellent Cardozo sont-ils de toute nécessité. Les ennuis — bien plus que les fatigues — de ce voyage de Mirituba au Chacorão ont quelque peu altéré notre santé. C'est peu de chose encore, toutefois ce sont les premiers accès de fièvre qu'il importe le plus de traiter. On se rétablit bientôt et on peut poursuivre, sinon, continuant le voyage bien que malade, on ne tarde pas à se voir arrêté tout à fait.

José Lourenço Cardozo.

Nous avons d'ailleurs ici l'un des deux éléments qui constituent la médication véritable, absolue, infaillible pour la plupart des pays chauds : *le lait!* Pour l'autre élément, je l'ai en pastilles : *l'eau de Vichy!* Une dizaine de jours de ce régime et l'on n'aspire plus qu'à pérégriner à nouveau.

C'est le 7 octobre que nous partons pour le Haut Tapajoz. Cardozo va nous accompagner quelques jours; il retournera de chez « Constancio et Pancraça ».

Les travessões du Chacorão, pour ne pas constituer de bien puissantes cachoeiras, ne cessent pas de présenter passablement de difficultés. *Lage, Anandhi, Burá* surtout, demandent un bon patron et un équipage de travailleurs; mais avec Cardozo et ses hommes les difficultés disparaissent.

C'est sur la rive gauche que se trouvent les petits campos où Cardozo commence à faire de l'élevage. Après la première campina, qui est par derrière sa maison, on en prend une autre sur la rive gauche de l'igarapé du Mingáo, et au delà de cet igarapé s'étend, par le travers de la Bacia das Capoeiras, le campo plus étendu du Mucajazal.

C'est au travessão de *Porto Velho*, également par le travers des campinas, que

Sitio de José Lourenço Cardozo, au Chacorão.

finit le Chacorão. Immédiatement au-dessus, c'est la Bacia das Capoeiras et les neuf travessões désignés aussi sous ce même nom :

    I. *Entrada,*
   II. *Campinha,*
  III. *Chafariz,*
  IV. *Cabeceira do Chafariz,*
   V. *Baunilha,*
  VI. *Sirga torta,*
 VII. *Sahida,*
VIII. *Meia Carga,*
  IX. *Cabeceira da Meia Carga.*

Les travessões des Capoeiras présentent les mêmes caractères que ceux des

Chacorão : aucun danger avec un bon pilote et un bon équipage, beaucoup d'efforts pour vaincre le courant aux eaux basses ou moyennes, d'un travail facile à rivière pleine.

A tous les points de vue Capoeiras n'est qu'une continuation — ou un commencement — de Chacorão. Les mêmes Mundurucús civilisés que l'on trouve

Vicente Teixeira Castro.

chez Comprido et à Porto-Velho peuplent également les rives de Capoeiras, où toutefois ils sont plus nombreux : une cinquantaine environ répartis en neuf petits villages : Pedro, José, Gabriel, Diogo, Constancio et Pancracio, Caciano, Gregorio, Raulino et Caetano.

Les campos, qui commencent au Chacorão, se continuent par derrière Capoeiras jusque vers le Sucundury. C'est un peu en aval de l'Estirão[1] do Aïri que commencent les prairies, qui sont la voie facile des communications

1. *Estirão* : Coulée de rivière dans une direction uniforme.

entre les Mundurucús de Chacorão et de Capoeiras et ceux du Sucundury. Ces campos sont médiocres, couverts presque entièrement de *sapé* (capim amargoso), et exigeront un aménagement spécial pour se prêter à l'élevage. Toutefois, leur position entre Sucundury et Tapajoz par le travers de cette région saine de Chacorão et Capoeiras peut faire présager qu'ils ne resteront pas bien longtemps aussi complètement inutilisés qu'ils le sont aujourd'hui.

Chez Cardozo, le parc à bétail.

C'est par ces campos du Sucundury qu'a pris récemment un parti de Mundurucús qui s'en est allé guerroyer du côté de la Madeira.

Cette histoire est assez singulière pour mériter d'être racontée avec quelques développements.

Dans le courant de l'année 1895, trois négociants de la Madeira furent massacrés, paraît-il, par des Indiens du Rio Machado, Indiens qui ne seraient autres que les fameux Ypurinans. Les voisins des victimes, résolus à infliger une sérieuse leçon aux Indiens assassins, ne trouvèrent rien de mieux que de s'adresser aux Mundurucús, espèces de reitres d'un nouveau genre connus pour vendre à qui veut la payer leur valeur militaire, peut-être quelque peu surfaite.

Une fois bien déterminés, les négociants de la Madeira se nantirent de marchandises et s'acheminèrent du côté des malocas Munducucús. Ce n'était point un petit voyage. Ils descendirent d'abord la Madeira en vapeur, puis remontèrent la Sucundury en chaloupe à vapeur jusqu'à une chute au-dessus de laquelle ils poursuivirent en canot. Ensuite, laissant la rivière principale, ils prirent un affluent du Sucundury venant à trois jours seulement de marche de la région de Capoeiras.

Là ils rencontrèrent une maloca Mundurucú, celle du tuxáua João, l'ancienne maloca d'un certain douaré Mougnatpeu, qui serait venu des Campinas du Cururú avec quelques camarades pour se faire tuxáua sur les bords du Sucundury.

De la maloca de João pour arriver à Aïri ce sont quatre jours de marche dans une région rocheuse présentant une seule campina.

Arrivés à Aïri, les négociants de la Madeira, accompagnés de quelques Mundurucús de la maloca du Sucundury, traversèrent le Tapajoz et entrèrent dans le Cururú, où, ayant comme interprètes les Mundurucús du Sucundury qui parlent à peu près tous portugais, ils traitèrent d'embaucher les Mundurucús des Campinas.

Ils parlèrent d'une grande récolte de têtes à faire chez les *Yauarété* — (c'est ce nom, passablement générique, qu'ils donnèrent aux Indiens du Rio Machado) — ils étalèrent toutes les belles marchandises que les blancs du Rio Madeira apportaient à leurs amis les Mundurucús des Campinas, même avant de commencer l'expédition, — et les ambassadeurs furent écoutés !

100 personnes environ dont 60 hommes en état de combattre et 40 femmes et enfants suivirent les envoyés de la Madeira.

On retraversa à Aïri, on descendit, paraît-il, le Sucundury, et, depuis... les nouvelles sont rares....

Quatre sont revenus au bout de quelques mois, très gravement malades. L'expédition fut, paraît-il, attaquée par les fièvres avant d'avoir rencontré les mystérieux Indiens du Rio Machado, — Yauarétés ou Ypurinans. La maladie faucha les Mundurucús. Sauf ces quatre qui sont revenus à temps, tous les autres sont sans doute morts....

Et c'est là le grand événement du jour au pays Mundurucú.

Nous apprenons toutes ces choses (vérifiées vraies depuis) au port du tuxáu

Pedro. Le premier récit en fut très sommaire. Mais tout le long du voyage, jusqu'à Todos os Santos et à Sete Quédas, de nouveaux récits des Mundurucús me permirent d'établir l'à-peu-près de vérité que j'ai donné plus haut.

A une faible distance au-dessus de Pedro, c'est, même rive gauche, l'em-

Cardozo et sa famille.

bouchure de l'Igarapé relativement important du Pixuna. C'est à un jour de montaria en montant l'Igarapé Pixuna que l'on trouve la maloca Mundurucú de Apin-in-peuh.

Au-dessus de la maloca on passe deux cachoeiras, puis on arrive au campo.

6

Au-dessus de l'Enseada do Eduardo, où se trouvent les deux malocas Mundurucú de José et de Gabriel, commencent les travessões des Capoeiras.

Les travessões des Capoeiras, pour présenter les mêmes caractères généraux que les travessões du Chacorão, sont cependant plus pittoresques que ces derniers.

D'abord ces « Capoeiras[1] » elles-mêmes, qui ne sont autres que des « queimadas[2] », donnent à cette région un je ne sais quoi de dévasté, de ruiné, que le Chacorão ne connait pas.

Pourtant le pittoresque des Capoeiras serait difficile à décrire. C'est trop varié; il faudrait de nombreuses pages. L'impression qui m'est restée est que le Chacorão est une belle chose quelconque, mais que les Capoeiras ont ce je ne sais quoi de grand et de triste que présentent parfois les choses symboliques.

C'est le rectiligne de la direction qui permet, de la Ponta da Baunilha, de voir par-dessus cinq cachoeiras la case de Manoel Carapina dans l'Ilha Grande, en face de chez Gabriel;

C'est ce Furo da Entrada, espèce de canal, à côté de la grande rivière, avec les plus jolies combinaisons de rochers, de cascatelles, de bassins et de verdures que le doigt du Hasard ingénieux ait dessiné dans cette rivière;

C'est la Ponta das Pilastras, rochers noirs à stratification horizontale ou brisée, s'érigeant comme un artistique monument de deuil au-dessus des eaux violentes qui y laissent en passant des traînées de blanche écume;

C'est cette petite campina du Aïri, dont le vert tendre ou le jaune clair jette une note intime et douce entre la majesté sévère de la grande forêt et le défilé héroïque de la rivière impétueuse;

C'est enfin cette Ilha das Pombas, où des ramiers, que l'on est tenté d'appeler des colombes, se réunissent tous les soirs par centaines, familiers et babillards, comme s'ils faisaient partie des accessoires sacrés de quelque temple voisin.

C'est à peu près en face de l'Ilha das Pombas que se trouve l'embouchure d'un igarapé des plus importants, au point de vue des facilités qu'il présenterait pour l'établissement d'un chemin entre cette partie du Tapajoz et le Sucun-

---

1. *Capoeira* : Ancien abatis abandonné où le bois a repoussé.
2. *Queimada* : Partie de forêt incendiée dans un but quelconque et repoussée en taillis.

dury : l'Igarapé de Uéchictapiri. Cet igarapé traverse, paraît-il, de vastes campos qui s'étendraient d'une rivière à l'autre. Toutefois, jusqu'à ce jour, les Mundurucús n'ont fait qu'une reconnaissance sommaire de la région, qui, en raison de son importance spéciale, demanderait à être étudiée plus en détail.

Dame Henriqueta de Gregorio.

A une faible distance en amont, par le travers d'un petit campo de la rive droite, se trouve la curieuse région de São Benedicto.

C'est d'abord la *Chaussée de S. Benedicto*, véritable pavé de géants, qui relie à la terre ferme un petit ilot en aval du Morro, puis c'est le *Morro de S. Benedicto* élevant sa masse imposante à 6o mètres environ au-dessus du niveau moyen du Tapajoz, et présentant un fronton surplombant la base d'une dizaine de mètres environ. A mi-hauteur se trouve un chemin de ronde naturel, produit, sans doute, d'éboulements anciens. Escaladant la pente

abrupte on parvient à se hisser à ce chemin, qui court comme une rampe sur
le flanc de la montagne à pic, avec de un à deux mètres de largeur. A son
extrémité, du côté d'aval, ce chemin du flanc de S. Benedicto décrit une
courbe ascensionnelle qui peut permettre à un bon gymnaste de grimper, de
se hisser jusqu'au sommet de la montagne. De nombreux ex-voto épars sur le
chemin de ronde témoignent de la faveur dont jouit encore S. Benedicto
auprès des habitants du Tapajoz; ex-voto de piétés pauvres : bougies à demi
consommées, chemises plus ou moins fines, bouteilles maintenant vides, sta-
tuettes d'un art naïf au point d'en être enfantin et représentant un S. Benedicto
qui ne doit avoir assurément rien de flatté.... Toutes ces offrandes naïves sont
éparses au milieu de lamelles de schiste ardoisé détachées du bloc de la montagne formée presque tout entière de ce schiste horizontalement stratifié. Au
pied de la montagne, sur les bords de l'Igarapé de S. Benedicto, ce ne sont
plus des lamelles schisteuses, mais des pierres à aiguiser de qualité excellente,
que l'on vient chercher d'assez loin jusque-là.

Un peu en amont, même rive, le Morro de São Benedicto a un véritable
sosie, un autre morro presque absolument identique à celui d'aval, sauf qu'il
est encore plus à pic sur la rive.

Et enfin, encore un peu en amont, un troisième sommet presque encore
identique, mais présentant de plus cette particularité saisissante d'un torrent
qui, aux grosses eaux de l'hiver, se précipite à grand bruit du sommet de la
montagne, — d'où les noms locaux de *Morro* et d'*Igarapé do Roncador*.

La rivière se continuant toujours pittoresque, nous arrivons le 12 au soir
chez Mauricio Rodrigues da Silva.

Mauricio est un des plus anciens habitants du Tapajoz. Après avoir été en
garnison à Pará, Mauricio, alors sergent, fut chargé du commandement du
détachement d'Itaituba. C'est là où il prit son congé et alors, au lieu de songer
à retourner dans sa lointaine ville natale sur les frontières de Matto Grosso et
du Paraguay, il s'engagea résolument dans le Haut-Tapajoz, peut-être avec
cette secrète pensée que c'était là, après tout, le véritable chemin de Matto
Grosso. Il séjourna toutefois quelque temps dans le Bas-Tapajoz et c'est à
Montanha qu'il était établi quand un jour l'illustre savant Barbosa Rodrigues,
alors en voyage dans ces parages, le prit pour patron pendant quelques

courtes excursions. Bientôt Mauricio délaissant la basse rivière se rendit dans le São Manoel, alors désert, et ce fut là que pendant plusieurs années « il commença sa vie », selon l'énergique expression locale. Vie de labeur et de probité et qui heureusement fut couronnée d'un succès honorable. Mauricio a cinq fils, tous hommes aujourd'hui et avec lesquels il vient de former une

Mauricio et sa famille.

« raison sociale ». Aussi voit-on maintenant sans peine, quand on cause avec Mauricio, rayonner sur les traits, doux et fins du vieux travailleur, cette expression spéciale de joie discrète que met le bonheur sur le visage des honnêtes gens. L'excellent Mauricio va me conduire lui-même chez son gendre Paulo Leite, à la cachoeira de Todos os Santos, au Alto Tapajoz.

Nous partons le 15 octobre à midi avec Mauricio, son fils João et un équipage recruté parmi les hommes de la maison.

C'est un voyage « de famille ». Nous allons à petites journées. Ce n'est que sous la pluie d'averse que nous nous arrêtons dans l'impossibilité où je me trouve alors de faire mon levé. La nuit ma tente de campagne laisse à la longue passer l'eau qui bientôt mouille les hamacs…. Toutefois cet hivernage prématuré ne devait pas se prolonger. Et, comme il convient en voyage, les nuits sans sommeil furent rares, ainsi que les jours sans travail.

Avant d'arriver à l'Ilha Grande do Cururú nous avons à traverser une ligne de cinq îles : Janarizal, Samahuma, Redondo, Tucano, Praia Grande, servant comme d'avant-postes à l'île principale.

L'Ilha Grande do Cururú est la plus grande de toutes les îles du Tapajoz. Elle mesure près d'une quinzaine de kilomètres de longueur. On y trouve de petites campinas, des lacs, des castanhaes[1] et des carossaes[2]. Cinq maisons sont établies dans l'île, celles de José Antonio da Silva, Caetano da Silva, João Miranda, Manoel Benedicto da Cunha, Marcos Motta, et trois dans les îles voisines, celles de Maria Margarida de Oliveira, Maria Felicia Garcia et Francisco José Vieira.

Le cours d'eau qui a donné son nom à la grande île, l'Igarapé du Cururú, traverse une importante région de campos, où vit aujourd'hui la plus grande partie de la nation Mundurucú.

Les campos du Cururú paraissent s'étendre dans le sud jusqu'aux environs de la Cachoeira das Sete Quédas, le Cururú coulant parallèlement au S. Manoel dont il n'est guère distant, à la hauteur de Sete Quédas, que de un jour et demi ou deux jours de marche, et les « campinas » du S. Manoel n'étant en réalité que le prolongement méridional des campos du Cururú.

Les campos du Cururú commencent à la hauteur d'environ une journée de canotage en remontant la rivière, mais ils restent à une certaine distance dans l'intérieur. Ils longent le Cururú d'abord rive droite et ensuite rive gauche et sont en retrait d'une forêt riveraine profonde de quelques heures de marche. Cette forêt traversée, on prend le campo semé d'ilots boisés, ayant

---

1. *Castanhaes* : un castanhal est une forêt où domine le castanheiro, arbre qui produit la noix du Brésil.

2. *Carossaes* : un carossal est la réunion d'un certain nombre de ces palusiers dont la graine sert à défumer le caoutchouc.

jusqu'à deux heures de traversée, puis on arrive aux terres hautes où sont les Mundurucús. Dans sa plus grande largeur le campo, îles boisées comprises, mesure un jour et demi de traversée, soit environ 3o kilomètres, y compris une lisière de profondeur variable, de quelques kilomètres, bordant généralement le Cururú, mais cependant disparaissant quelquefois, comme au Capipi, où le campo accoste la rivière. Dans la région méridionale le campo

Case de Mauricio à Pasquirinna.

s'étend sur la rive gauche, pour se rétrécir sur la rive droite, où il ne présente plus, aux malocas d'Aquapona et de Caruman, qu'une demi-journée de traversée.

On compte actuellement 7 malocas dans les campos du Cururú :

1re maloca. — Itarica, tuxáu Puxubaxi, rive droite, à une journée, en montant;

2e maloca. — Aracoré, tuxáu Arabondpé, rive droite, à une journée d'Itarica, en montant;

3e maloca. — Capipi, tuxáu Pagé Grande, rive droite, à une journée d'Aracoré, en montant;

4ᵉ maloca. — Carucupi, tuxáu Parauá, rive droite, à une journée de Capipi, en montant;

5ᵉ maloca. — Aquapona, tuxáu Cababisouatpeu, rive droite, à une demi-journée de Carucupi, en montant;

6ᵉ maloca. — Cachoeira, tuxáu Cariman, rive droite, à une journée de Cababisouatpeu;

7ᵉ maloca. — Yauaréré, tuxáu Puxú, rive gauche, à deux journées de Cariman.

La maloca d'Itarica est à la tête de l'Igarapé du Parauari, affluent direct du Tapajoz. Ne pouvant utiliser cet igarapé, qui est encombré de cachoeiras, on est obligé de prendre par le Cururú.

L'Igarapé de Yauaréré, à la tête duquel est établie la maloca du Puxú, a son confluent dans le Tapajoz, à peu près entre la hauteur de la maloca du Carucupi et celle du Capipi.

C'est à une petite distance en amont de la maloca de Cariman Biatété (Cariman) que l'on rencontre les premières cachoeiras du Cururú qui, dans la région de ses sources, en présente de très fortes.

De la maloca du Puxú on n'est qu'à un jour et demi des malocas Mundurucú du S. Manoel. On peut arriver, paraît-il, en un jour et demi du Puxú à la maison de Saturnino au S. Manoel; et Saturnino me confirma à la fin de mon voyage que ses hommes avaient parfois traversé en deux jours jusqu'au Alto Tapajoz, comme ils traversent en un jour et demi pour le Cururú. Ce qui explique la présence relativement fréquente de partis Mundurucús en voyage au-dessus de Salto Augusto.

La population totale des Mundurucús du Cururú ne doit pas dépasser 800 personnes pour les 7 malocas réunies. La maloca de Puxú, la plus nombreuse, compterait, dit-on, 100 hommes faits; celle de Pagé Grande, la plus nombreuse après celle de Puxú, seulement 60. Compter 250 hommes faits et 800 personnes pour les 7 malocas du Cururú ne paraît pas devoir être bien éloigné de la vérité.

La récente expédition du Sucundury a diminué encore d'une centaine d'individus la population du Cururú. Les Mundurucús de cette rivière ne doivent pas aujourd'hui être beaucoup plus de 700.

Si on ajoute 300 personnes pour les Mundurucús des malocas du Caderiry :
Decodème, *Sambariry*, *Samahuma*, *Sanaty* et *Sacuriby*, et une trentaine
pour les trois petites malocas presque éteintes du *Cabroá* et du *Cubury*, dans
les hauts du Rio das Tropas, on arrivera, en additionnant encore les Mundurucús des bords du São Manoel, à un total de 1 000 à 1 100 pour tous les
Mundurucús des campinas du São Manoel ou Jauamuxim.

Ces campos du Cururú-Caderiry paraissent constituer un district géographique assez spécial. L'air y est vif, le vent violent et les brises fraîches ou
aigres s'y font sentir, parait-il, avec quelque âpreté. C'est la zone « très
saine », ou du moins réputée telle. Peu d'humidité : les campos sont élevés,
les cours d'eau ne sont que de grands ruisseaux, les marais font défaut
absolument, et on ne compte qu'un seul lac, et encore lac d'eau vive jamais
tari, le lac « des Tartarugas », dans le bas Cururú, avec une ile ronde au
centre, où les Mundurucús vont flécher les tortues.

Ces campos présentent encore une autre particularité curieuse : l'autruche
de l'Amérique du Sud, le « nandú », appelé au Brésil « ema », vit à l'état
indigène dans les campos du Cururú, tout au moins à l'Aquapona et au
Capipi.... Une de ces autruches, venant du Cururú, se peut voir dans le
moyen Tapajoz, chez Manoel Antonio Batista dit Tartaruga.

Mais cette curieuse région de campos on ne la voit point de la rive : dans
la rivière élargie par l'archipel que forme l'Ilha Grande du Cururú et les îles
voisines, on ne perçoit que des végétations touffues enserrant de nombreux
canaux, et rien, véritablement, n'annonce que des prairies immenses sont là
tout à côté.

En amont de l'Ilha Grande du Cururú, laquelle présenterait elle-même,
dans sa partie centrale, des campos d'assez médiocre qualité, on trouve, rive
droite, le Morro da Bifurcação; rive gauche, l'Ilha da Collectoria; et, droit
au sud, le confluent du São Manoel et du Alto Tapajoz.

En face de l'ile da Collectoria, sur l'autre rive, un petit cimetière. D'un
côté les ruines d'un établissement fiscal, et de l'autre une petite nécropole où
reposent trois malheureux jeunes soldats, qui étaient venus ici avec plus
d'idylles dans la tête, assurément, que de ressentiments politiques. Six mois
ont suffi, la mort les a pris, banalement, dans une fièvre, et sur leur tombe

7

fraîche la nature inconsciente s'est amusée à planter des embaúbas au feuillage pâle.

L'histoire — tragique par ses suites — de la Collectoria du S. Manoel et du
Alto Tapajoz a pour origine une question de limites entre l'État de Para et
l'État de Matto Grosso. L'État de Matto Grosso ne voulant pas accepter la limite
de Salto Augusto revendiquée par Para et demandant comme point initial de la
frontière le confluent du Alto Tapajoz et du São Manoel, Matto Grosso envoya
tout simplement un fonctionnaire chargé de percevoir un droit de 5oo reis par
kilo sur le caoutchouc produit par les deux rivières, par une population plus
d'aux deux tiers paraense et pour une production prenant en totalité le chemin
de Pará (le seul praticable pour le Alto Tapajoz, dans l'état actuel des choses).

Je n'ai pas connu Garcia Junior, le fonctionnaire envoyé par Matto Grosso
au confluent des deux rivières, — cependant sur la rive occidentale du Tapajoz
proprement dit, c'est-à-dire dans un territoire que l'État de Amazonas considère aussi comme étant sien… en attendant un définitif règlement de frontières avec Para… — je n'ai pas connu Garcia, lamentablement assassiné
depuis; mais je le tiens pour une victime. Autrefois ces « contestés », ces
« marches » de province à province, de nation à nation, c'étaient des régions
où l'on savait qu'il n'y avait ni sécurité ni bonne guerre. On y allait pour y
faire, de cœur léger et à l'abri des lois, ce que le diable vous inspirait. Aujour-
d'hui on y va pour percevoir des impôts, ou pour des opérations de police,
et le plus souvent ce ne sont là que missions honorables à vous données,
parfois dans un but politique, par quelque « ami » bien nanti dans le gouvernement, mais qui toutefois apprendrait sans trop pleurer la nouvelle de
votre mort. L'élu, — je veux dire la victime — pressé de besoins matériels,
accepte, d'enthousiasme, le leurre sollicité. Et peu après on se fait assassiner,
comme Garcia, parce qu'on n'a pas voulu passer par les faciles chemins de
l'État rival dans la crainte d'être traité en transfuge par sa propre adminis-
tration; on se fait assassiner dans quelque héroïque voyage retour d'exil !
Et c'est un étranger qui a, parfois, la noble mais bien mélancolique tâche
d'esquisser votre oraison funèbre, parce que : *Homo sum, et nihil humani
a me alienum puto!* Que les gouvernements se dépêchent à se mettre
d'accord afin que : « la paix soit sur la terre aux hommes de bonne volonté ».

Voici la lamentable fin de Garcia telle que des personnes bien informées me l'ont racontée depuis dans le Alto Tapajoz.

Après avoir installé la Collectoria il en repartit assez gravement atteint le 10 janvier 1895 pour regagner Cuyabá. Il resta malade chez Paulo Leite à Todos os Santos, jusqu'au 19 février. A demi guéri et poursuivant sa route il

Ex collectoria de Matto Grosso, au Tapajoz.

arriva le 1ᵉʳ mai à la barra de l'Arinos et du Juruena : c'est là qu'il fut fléché par les Tapanhunas à 10 heures du matin. Les Tapanhunas ayant attaqué deux autres fois dans la même journée, les Apiacas que Garcia avait emmenés comme canotiers menacèrent de déserter si la descente n'était pas enfin décidée. Garcia dut bientôt battre en retraite, essayant de regagner la Collectoria. Garcia, toujours malade depuis sa blessure, montra, en dépit de ses souffrances, la plus grande énergie morale. Il tint à jour son journal de voyage jusqu'au jour même de sa mort qui eut lieu à Lagine, à 10 heures du soir, sous le roufle de l'igarité. C'est à Lagine, dans l'Arinos, que le malheureux Garcia fut enterré. L'expédition poursuivant son retour jusqu'à la Collectoria, arriva chez Paul

Leite le 25 juin, quatre mois et quinze jours après son départ du confluent du São Manoel.

Le pauvre Garcia fut aussi malheureux qu'héroïque : blessé à la bacia de l'Arinos et du Juruena par la flèche empoisonnée qui lui avait traversé le tibia et le péroné, il détermina encore ses timides Apiacas à le suivre dans l'Arinos jusqu'à la Cachoeira dos Dois Irmãos, à quinze jours de Cuyabá. Mais il dut retourner de là, menacé qu'il était d'être abandonné par tous ses canotiers et d'être obligé d'attendre, de la main des Tapanhunas, la fin de son misérable sort....

A part Garcia, il n'y eut de tué dans l'expédition qu'un vieil Apiaca qui servait de pilote et qui, transpercé de part en part, s'affaissa sur le côté, mort, la flèche au travers du corps, aux pieds de Garcia qui, assis sur le roufle de l'igarité, recevait en même temps la flèche qui lui traversait la jambe.

Le malheureux Garcia, triste victime de bandits indiens, mérite un double hommage comme martyr et comme travailleur.

Avec des moyens bien insuffisants il était arrivé à commencer quelque chose, et son île de la Collectoria aurait pu devenir un point intéressant.

La maison de la Collectoria, construite à la façon des « barracões » du pays mais pourtant fermée complètement et se composant de cinq pièces et de dépendances ; la maison de la Collectoria, avec son jardin et ses quelques plantations, représente un sérieux effort de la part de Garcia qui, en huit mois, avait créé là une œuvre qui dénotait chez son directeur autant d'intelligence que de volonté.

Il avait pris au sérieux son rôle « stratégique et financier », ce malheureux Garcia. Comme son île de la Collectoria est presque accostée à la terre ferme et qu'un bras étroit seulement l'en sépare, il avait fait abattre quelques arbres qui fermaient l'arrière de la maison, le « fossé fiscal » aux tentatives d'indélicatesse des habitants « mauvaise tête », ainsi forcément obligés de passer sous les yeux de l'agent.

Mélange d'ironies plus tristes que vulgaires.... Décidément la vie est faite de choses qui sont au-dessous de ce que l'on admire. Et ceux qui meurent pour quelque chose ont toujours tort, serait-ce pour leurs intérêts personnels.... Garcia fit honnêtement son devoir, le devoir qui lui incombait de par sa charge d'agent de Matto Grosso. Il fut honnête homme et bon Brésilien dans cette contestation entre deux États. Sa mort a servi à démontrer que Matto Grosso avait tort, puisque si Garcia était descendu sur Pará, il serait vivant aujourd'hui.... Et le silence s'est fait très lourd, au sud comme au nord de la même patrie, sur cet honnête homme assassiné par des Indiens de sac et de corde.... « Un remords, messieurs les heureux des villas et des campagnes, à l'endroit de ceux qui s'en vont mourir, sans sépulture souvent et même sans gloire, dans les milieux sauvages que nous découvrons pour vous enrichir, nous autres qui sommes des malades sans doute, puisque nous connaissons la vie et que nous agissons quand même, prédestinés pionniers-martyrs de la civilisation de demain ! » Il y eut, paraît-il, quelque chose de cette philosophie dans les dernières tristesses que Garcia eut avant de mourir.

Mais laissons les vaincus. La vie est brève. On lève son chapeau, on salue, et l'on passe.

CHAPITRE IV

Une vaste étendue d'eau, devant nous : le São Manoel à l'est et le Alto Tapajoz à l'est.

Dans la cartographie locale ces deux rivières portent des noms bizarres, le Alto Tapajoz est appelé Juruena et le São Manoel rio das Tres Barras, ou aussi Paranatinga.

Il est difficile de dire d'où vient ce nom de rio das Tres Barras (du confluent des Trois Rivières) ; en effet, les confluents de cette sorte, en y mettant un peu de bonne volonté, se présentent nombreux, sur le parcours de toutes les rivières.

Le São Manoel a pour formateur principal, dans les lointains de Matto-Grosso, le Paranatinga. Le Paranatinga reçoit deux affluents, tous les deux de rive gauche : le rio Verde (ou rio Fresco?), l'affluent d'amont, qui est presque aussi important que le Paranatinga, et, en aval, le São Manoel, moins important, mais qui cependant impose son nom au cours d'eau dont il n'est même pas un formateur mais un simple affluent. L'appellation de Tres Barras, donnée parfois au São Manoel, mais aujourd'hui tombée en désuétude, vient de ce que l'on considérait le São Manoel comme ayant trois formateurs : le Parana-tinga, le Rio Verde et le São Manoel.

Le Alto Tapajoz a pour formateur principal l'Arinos venu également du plateau Matto Grossense. C'est après que l'Arinos a reçu le Juruena, venu également des hautes terres de Matto Grosso, que l'Arinos perd son nom pour prendre celui de Tapajoz. C'est communément *Alto Tapajoz* que la rivière est nommée depuis l'enseada que forment à leur réunion le Juruena et l'Arinos jusqu'au confluent du São Manoel, et *Tapajoz* depuis le confluent du São Manoel jusqu'à l'embouchure à Santarem.

Nous nous engageons dans le Alto Tapajoz. Un véritable voyage de famille ! L'excellent Mauricio et l'ami Vicente, qui savent que je ne suis pas un explo-rateur de genre esbrouffant ou collet-monté, m'entretiennent, pendant que je travaille à mon levé, de toutes les choses locales qu'ils savent de nature à m'intéresser quelque peu.

Voici d'abord la maloca du tuxáua mundurucú Matheus. Généralement il est là avec des Mundurucús, des Campinas et quelques-uns des Sucundury. Pour aujourd'hui maître Matheus est absent. Parmi les voisins, les uns nous disent qu'il est à découvrir un seringal, et les autres qu'il doit tout simplement être à rôder dans quelque tribu voisine aux aguets de quelque pillerie et de quel-ques têtes à boucaner.... Ce Mundurucú n'est pas plus mauvais compagnon qu'un autre, seulement c'est dans les mœurs de sa nation d'aller périodique-ment ravager la propriété des voisins qui ne parlent pas la noble langue des « Caras Pretas ». Les anciens Romains n'ont jamais compris la civilisation d'autre sorte.

Un peu en amont de Matheus, le Alto Tapajoz reçoit, rive gauche, l'igarapé do Achimari et le rio Bararaty.

L'igarapé do Achimari n'a guère que 20 mètres de largeur à son embou-chure ; toutefois, un peu en amont, il prend de l'expansion et atteint une largeur double. Il présente ensuite beaucoup de cachoeiras, et, entre ces cachoeiras, des bassins profonds. Il est très poissonneux, d'autant plus qu'on ne rencontre sur ses rives ni Indiens ni civilisés.

Le Rio Bararaty est passablement important. En effet, il est navigable huit jours en igarité. Sa largeur est médiocre, mais il est assez profond. Il accompagne le Sucundary à une petite distance. On a vainement cherché des campos dans son bassin.

C'est au bout de huit jours, en remontant le Bararatyen igarité, qu'on rencontre une première maloca Mundurucú, qui est un peu en amont de la première cachoeira. A peu de distance au-dessus de la première cachoeira se trouve une autre maloca mundurucú moins importante que la première.

Au-dessus de cette première cachoeira vivraient, paraît-il, dans le voisinage des Mundurucús, des Indiens appelés Pariuaïa-Bararaty, sur le compte desquels je n'ai pu obtenir que des renseignements vagues et dénués d'intérêt.

Le Bararaty est d'un cours lent, sensiblement parallèle au Tapajoz, dont il ne s'éloigne pas à plus de deux jours de marche. Dans la région de ses sources, il se rapproche à un jour de marche de la grande rivière, et il recevrait, paraît-il, ses premières eaux des montagnes qui s'étendent dans la région sud-ouest du Salto Augusto.

Le 19 octobre au soir, nous arrivons chez le premier tuxáua mundurucú du Alto Tapajoz, en remontant la rivière, le nommé Antonico, grand Indien des plus fourbes parmi tous ceux de ses pareils que la civilisation a rendus plus mauvais.

En face de chez Antonico, par delà le petit archipel des Ilhas das Onças et la grande plage de sable du même nom, se trouve, rive droite, le groupe des monts de la Navalha, petite chaîne fameuse par sa richesse en pierres à aiguiser de qualité excellente.

A l'extrémité sud de la Praia das Onças se trouve l'Ilha da Maloca, où les Mundurucús de la rivière exploitent des seringaes de quelque importance. On rencontre déjà un certain nombre de Mundurucús travaillant des seringaes à eux, ce qui, d'ailleurs, n'empêche aucunement ces bons Indiens de s'en aller chaque année en guerre, à seule fin de voler des enfants et de rapporter des têtes boucanées.

Le tuxáua Filippe, dont la maloca, toute neuve, paraît, à l'heure qu'il est, complètement abandonnée, est parti, voici quelques mois, chercher... on ne sait pas au juste : des seringaes ou des trophées.

Au-dessus de la Navalha et de Filippe, la rivière commence à changer

8

quelque peu d'aspect. Elle se rétrécit par endroits, les plages de sable se font plus rares, la profondeur augmente.

Au-dessus de la région des Goyabal (rapide, igarapé et île), ces caractères s'accentuent pendant quelques heures encore. Sur la rive gauche, à une moyenne distance dans l'intérieur, mais pourtant non visibles de la rive, six sommets montagneux se dressent, paraît-il, en chaîne continue, dans l'orientation nord-ouest-sud-est.

On trouve, paraît-il, du caoutchouc jusque sur les flancs de ces sommets. D'ailleurs, des rives du Alto Tapajoz aux serras centrales, le caoutchouc, dans cette région, est partout abondant, surtout dans les îles, assez nombreuses et assez grandes, et sur le bord des lacs intérieurs, comme, par exemple, sur les bords du Lago de Candido Pinto, rive gauche, et dans les grandes îles de Carapanasinho et de Carapanatuba, qui sont un peu en amont.

C'est presque immédiatement au-dessus du petit archipel formé par les îles Carapanasinho, Carapanatuba, do Enxugaduro, do Baixio de Areia, do Gonçalo et do Casimiro que l'on prend, à l'enseada de S. Thomé, les premiers rapides annonçant les grandes cachoeiras du Alto Tapajoz.

Mercredi 23 octobre, à quatre heures du soir, nous arrivons chez Paulo Leite, après avoir laissé mon igarité en bas de la cachoeira de Todos os Santos et m'être rendu à la maison par le canot qui était venu me prendre en amont du banc de la cachoeira, énorme amoncellement de pierres et de rochers de 2 ou 300 mètres de traversée, de traversée sautillante de pierre en pierre, parmi une triste végétation d'arbustes maigres et sans ombre.

Cette *Cachoeira de Todos os Santos*, ou de *Paulo Leite*, est la première, d'aval en amont, de ces cachoeiras du Alto Tapajoz dont « Salto Augusto » est la vingtième.

La cachoeira de Todos os Santos a pour limite, en aval, l'*Igarapé de São Thomé*.

Le São Thomé, généralement appelé igarapé, bien que, dans la langue géographique locale il aurait assez d'importance pour être appelé rio, le São Thomé est une rivière resserrée, de largeur très inégale, courant entre des montagnes enserrant assez étroitement son lit. Le personnel de Paulo Leite y travaille le caoutchouc à partir de deux jours de canotage au-dessus de l'embouchure et jusqu'à un jour en amont à l'endroit où, à trois jours environ de l'embouchure, le São Thomé se partage en trois branches : la méridionale, qui conserve le nom de São Thomé, la centrale qui longe aussi d'assez près le Alto Tapajoz, et la septentrionale qui accompagne le São Manoel. La réunion des trois branches du São Thomé se produirait à peu près au nord-est de

Paulo da Silva Leite.

Salto Augusto, à la hauteur de S. Lucas ou de S. Gabriel. En aval de la bifurcation, le São Thomé présente seulement des bas-fonds pierreux, mais pas de cachoeiras; les cachoeiras commencent au-dessus de la bifurcation, traversant une chaîne qui paraît s'étendre de Salto Augusto à Sete Quedas. L'eau du São Thomé n'est pas saine, parce que le São Thomé reçoit les eaux de plusieurs lacs aux eaux nocives.

Sur les serras du São Thomé, on trouvait des *salsals* immenses et des copahybals importants. Le caoutchouc est commun partout. On signale enfin, sur les rives du São Thomé, des lacs nombreux, assez vastes et assez poissonneux, malgré l'assez nombreux personnel des seringueiros de Paulo Leite qui travaillent là depuis quelques années.

La *Cachoeira do Paulo Leite* ou de *Todos os Santos* se compose de trois travessões qui sont, d'aval en amont, les travessões du *Banco*, da *Campina* et de *Paulo Leite*. Le banc qui, un peu en aval de la maison de Paulo Leite, coupe la rivière sur la plus grande partie de sa longueur, reste, pendant la plus grande partie de l'année, complètement accosté à la rive gauche et ne laisse un passage que rive droite, où la rivière se précipite avec violence, offrant, selon la saison, un dénivellement de 1 à 3 mètres. Le passage du Banco une fois franchi, on prend par le canal de la Campina, resserré entre le petit campo pierreux de la rive droite et des rochers émergés. Ce canal n'est, en réalité, qu'un courant violent qui continue le travessão de Paulo Leite et le lie au travessão du Banco. Le travessão de Paulo Leite se produit un peu en amont de sa maison actuelle, en un endroit où la rivière, semée d'îles, se trouve rétrécie entre deux pointes.

Paulo Leite, qui a établi en face de la cachoeira à laquelle on commence, dans le Alto Tapajoz, à donner son nom — cachoeira de Paulo Leite et qui a créé sur la rive gauche de l'antique Todos os Santos un des centres les plus importants du Tapajoz, Paulo Leite est un Matto Grossense âgé de moins de trente ans.

Vie mouvementée que celle de mon ami Paulo da Silva Leite, et bien digne d'être prise pour sujet de roman par quelque Fenimore Cooper.

Élevé à Cuyabá par des parents pauvres qui n'étaient point en état de lui faire terminer ses études, mêmes primaires, il fut pris un beau jour de visions à la Robinson, et, avec un livre quelconque qu'il emporta avec lui pour achever de l'épeler en route, voici notre petit Paul parti, descendant l'Arinos et le Alto Tapajoz, au hasard des bonnes volontés de compagnons de route qui, pour être fort rares, n'en étaient pas toujours beaucoup plus sûrs que les voisins les Tapanhonas. C'est la vie héroïque, dans ces déserts! et les camarades qui y vont chercher les aventures ne se recommandent pas toujours par leur urbanité et leur douceur.

Paulo Leite avait alors quinze ans. Pendant les quelques années qui précédèrent cette maturité précoce que donne la vie au désert, notre aventureux jeune homme vécut de seringal en seringal, toujours talonné par son idée fixe de faire un grand établissement bien à lui, bien loin de toute civilisation, mais à côté d'une tribu indienne.

Ses provisoires installations, en amont puis en aval de Salto Augusto, seraient longues à énumérer. Après bien des vicissitudes, avançant toujours vers le nord et toujours aussi vers l'indépendance et la fortune, il arriva à Todos os

Casa de Paulo da Silva Leite et le personnel.

Santos avec des Apiacás dont il avait fait la conquête par la fermeté et la droiture de ses procédés.

Voici six années qu'il s'est établi à Todos os Santos, portier du Alto Tapajoz, patron et protecteur des Apiacás. Son exemple est encourageant, il montre que l'on peut toujours réussir, même quand on le mérite.

Il est vrai qu'il trouva sur sa route un honnête homme, Mauricio, qui l'aida, après lui avoir donné sa fille.

Aujourd'hui Paul Leite est un grand producteur de caoutchouc, il dispose d'une tribu indienne, et, ce qui lui fait le plus grand honneur, il se propose maintenant de réunir autour de lui tous les Apiacás et de se livrer en grand à l'élevage dans les prairies artificielles qu'il a commencé à créer entre *sa cachoeira* et le Salto São Simão. Et me voici maintenant aux mains de Paulo Leite. Mauricio est reparti pour Porqueirinho le 26, c'est donc à mon nouvel ami de me faire faire une nouvelle étape, la dernière dans le Alto Tapajoz, l'étape de Salto Augusto.

VOYAGE A SALTO AUGUSTO (5 *novembre*-19 *novembre*). — Partis seulement à midi, nous nous arrêtons deux heures plus tard au pied du SALTO SÃO SIMÃO pour prendre des vues du saut. Et, comme on ne saurait passer avant la nuit cette importante chute d'eau, nous descendons dormir, un peu en aval, chez Antonio Pereira Mendes, un des hommes de Paulo Leite.

Le lendemain nous passons le São Simão et le Labyrintho.

Le S. Simão est, après le Salto Augusto, la plus belle cataracte du Alto Tapajoz où il est, avec Salto Augusto, le seul à faire « saut ». Il est aussi, à certains égards, une limite zoologique : les botos et les tartarugas que l'on rencontre jusqu'au S. Simão n'apparaissent plus, à ce qu'on affirme, au-dessus de ce point.

Le S. Simão barre la rivière de l'est à l'ouest d'une façon complète. La rivière descend par trois brèches pratiquées latéralement dans le massif rocheux qui occasionne le saut. Cette muraille rocheuse, vue d'aval, donnerait volontiers l'idée de soubassements demi-détruits de quelque cité cyclopéenne. La brèche qui paraît la plus haute, mais qui est en même temps la plus étroite, est *la brèche centrale* qui précipite, de 7 à 8 mètres de hauteur, les eaux supérieures qui tombent bondissantes et en torrent de blanche écume au pied de l'inébranlable muraille. *La brèche orientale*, accostée à la terre ferme, est un peu plus en retrait et semble plutôt descendre les parois rapides d'un entonnoir que dégringoler perpendiculairement des hauteurs escarpées d'un promontoire, comme semble le faire la chute centrale. *La brèche occidentale*, la plus large, n'est même plus une brèche, car la moitié de la rivière passe par là. C'est, en retrait d'une série de faibles déclivités se tenant l'une l'autre comme des marches d'escalier, un saut brusque de 2 à 3 mètres couvrant de ses traînées d'eaux battues une plage de sable, de roches et de galets, qui s'étend en face du saut, en aval, sur la rive occidentale.

En arrière de la brèche centrale, s'étendant sur près de 500 mètres en amont, se trouve une voie naturelle d'une trentaine de mètres de longueur qui fait

véritablement l'illusion d'avoir été pavée. Des fissures en quadrillage se sont
produites dans la masse rocheuse et les eaux du demi-étiage ont nivelé et poli
les rochers, en les balayant dans une course plus rapide. Quelques-unes des
masses rocheuses qui constituent la structure de ces sauts et de ces cachoeiras
sont d'ailleurs souvent de consistance plus tendre qu'on ne serait tenté de

Salto São Simão, rive droite.

l'imaginer au premier abord, et dans le cours des siècles la pierre se ronge, et la
chute, lentement, change de position et d'aspect. Au São Simão, comme dans
la plupart des chutes et des rapides des Alto Tapajoz, on trouve assez fréquemment, parmi d'autres formations de consistance plus dure, de la roche arénacée
et tendre qui, dans certains cas, fortement comprimée, peut être utilisée
comme pierre à aiguiser.

C'est rive droite que se trouve le sentier de portage du São Simão. Ce sentier
traverse une petite région vraiment étrange. Ce sont des champs de rochers
offrant de nombreux monolithes de quelques mètres de hauteur; des sortes de

pierres tombales de toutes dimensions et de toutes formes, debout ou cou-
chées ; des obélisques plus ou moins grossiers ou contournés, — des aspects de
vieilles ruines très mal entretenues d'architectures très primitives. Le sentier,
parmi les herbes brûlées, s'en va parmi les ruines de tombes inconnues et de
monuments d'un exotisme inexpliqué. A cette époque de l'année tout cela est
noir. On a brûlé les herbes qui envahissaient le sentier et qui recélaient les
serpents. L'herbe est rare, mais elle a fait à la terre un tapis de cendres noires,
et les rochers fantastiques, primitivement gris ou jaunes, sont noirs et sales, et
les récentes fumées d'incendie qui se sont élevées dans ce ciel de désolation
font de laides taches de suie à l'azur qui disparaît presque sous elles. Des
palmiers rabougris qui n'atteignent pas 3 mètres de hauteur, quelques rares
grands arbres aux frondaisons desséchées mais arborant parfois, cependant,
un panache de feuilles vertes au sommet, — et tout cela c'est le paysage de
ruines que l'on rencontre en passant par le chemin de portage du São Simão.

Toutefois, pour pittoresque, ce « descarregador » n'en est pas moins détes-
table. Avec une igarité chargée on perd aisément de deux à trois jours à
passer les bagages par « le champ des ruines ». Comme perte de temps c'est
un autre Aporhy que ce São Simão, plus beau, cependant, moins fermé et avec
une rivière au moins quatre ou cinq fois plus large dans sa partie libre.

Au-dessus du São Simão, après avoir passé entre plusieurs petites îles qui
accélèrent le courant de la rivière avant de la précipiter au grand saut d'en
bas, — nous arrivons au premier village Apiacá du côté du nord, celui de
João Correa.

Paul Leite, qui est un peu le Grand-Conseil et le *paterfamilias* de ces
Indiens, me fait les honneurs de la maloca João Corrêa.

Ces villages Apiacás présentent un curieux contraste, qui pour n'être
pas rare au pays indien n'en est pas moins toujours piquant : je veux dire
le mélange des habitudes d'une civilisation supérieure et des us les plus
naïfs de la toute primitive barbarie. Les hommes sont aussi complètement
habillés que les civilisés de l'intérieur et les femmes vont très complètement
nues, sans le plus léger vêtement ni ornement. Ces femmes et ces jeunes filles,
en costume d'Ève paraissent, en vérité, aussi décentes que n'importe quelle
héritière faisant des grâces dans un salon. Ces mêmes femmes et jeunes filles

quand elles ont à se rendre à la maison du patron, exhibent bien une pauvre robe quelconque, mais elles s'empressent de s'en dépouiller sitôt chez elles, cet « ornement » étant dans leur esprit une « chose incommode ». L'homme, en revanche, ne se défait jamais plus des trois pièces de vêtement qui sacrent civilisé l'Indien sauvage : le pantalon, la chemise et le chapeau. L'homme est vêtu, la femme est nue; la polygamie est générale, mais elle est soigneusement dissimulée, et, par-dessus tout cela, de bonnes mœurs, passablement de probité, un esprit de labeur, d'initiative et de progrès. Elle est étrange, l'action

Salto São Simão, rive gauche.

que la civilisation exerce, à travers tant de déserts, sur le primitif animal humain qui ne sera bientôt plus qu'un souvenir!...

En partant de chez João Corrêa, nous rencontrons un peu en amont une grande pirogue qui de loin nous paraît conduite par des statues de cuivre rouge. Ce sont les dames de chez João Corrêa qui reviennent de la roça avec une provision de manioc. Ne pensant pas rencontrer « les Blancs » dans leur promenade, elles n'avaient pas emporté, à elles huit ou dix, suffisamment de linge pour en confectionner même un mouchoir. Voyant « les Blancs » venir à leur rencontre, elles font force de pagayes et, échangeant pourtant avec nous quelques paroles, elles glissent, rapides, sur les eaux descendantes, laissant dans nos oreilles un bruit de canot impétueusement conduit et dans nos yeux une vision de cheveux noirs dénoués, de bustes et de torses rouges secoués de mouvements énergiques mais gracieux.

Un peu en amont nous prenons la cachoeira du Labyrinthe.

La CACHOEIRA DU LABYRINTHE a été ainsi nommée parce que, à la saison sèche, on risque fort, si on ne connaît pas très bien son chemin, de s'engager dans quelque passe... à sec, au bout de quelques coups de pagaye ! Et alors on est obligé de revenir sur ses pas et de chercher un chemin plus favorable. Pour nous, l'eau est encore suffisamment abondante dans la cachoeira et d'ailleurs le Alto Tapajoz n'a plus de secrets pour Paulo Leite et ses Apiacás.

Jeunes filles Apiacás.

Labyrinthe, comme la plupart de ces chutes, présente des « architectures » singulières. Les bas-reliefs, les colonnes, les pilastres, l'art grec, le cyclopéen, le druidique..., tout est là en ébauche. L'irisation des écumes, des nuages bistres et floconneux sous le sombre indigo du ciel, de brefs appels d'oiseaux de haut vol se pourchassant entre la ouate des cascatelles et la ouate qui frange les nuées en mouvement, le vert joyeux des îles et des rives, la majesté sévère de hauts rochers semés çà et là : un cadre pour une idylle au désert !

C'est ce qu'a peut-être compris José Gomes, tuxáua du Labyrinthe. José Gomes est un métis de Matto Grosso, il n'est même pas seulement caboclo, il doit avoir, outre du sang blanc, une certaine dose de sang nègre.

José Gomes a une cinquantaine d'années. Dans sa jeunesse il fut soldat —
ou soldat de police — à Matto Grosso. Quand il prit son congé il se fit d'abord
sertanejo, puis Apiacá, puis tuxáua, ce qui ne l'empêche pas d'être resté jusqu'à
aujourd'hui passablement civilisé. — Civilisé, mais honnête ! En effet, ce

Groupe de femmes Apiacás.

suzerain, pas mal autonome, d'un petit clan Apiacá où dominent les « jeu-
nesses », paraît aussi moral dans sa vie privée qu'il est rigoureusement intègre
dans ses relations d'affaires. En se faisant chef de sauvages, l'ancien soldat a
suivi une honnête et intelligente vocation.

La petite île où José Gomes a établi son modeste mais gracieux patriarcat
est une petite et ronde ilette de terre riche, flanquée en amont d'un prolongement sablonneux et pierreux. Le tout ne nourrirait pas le quart de la famille
de Gomes. Aussi les abatis sont-ils en terre ferme, invisibles d'ici, cachés par

la lisière de la forêt. Gomes a déboisé complètement son îlot, — sauf quelques
arbres en bordure laissés là pour accrocher les harnais aux heures chaudes de
la journée. — Gomes s'est déboisé… pour mieux voir venir les Tapanhunas et
mieux lutter contre eux dans les traîtresses ténèbres que choisissent spécialement ces bandits indiens pour mieux assurer le succès de leurs attaques. Gomes
sait d'ailleurs à quoi s'en tenir sur le compte desdits Tapanhunas : ils lui
tuèrent, voici quatre ans, à la cachoeira da Mizericordia, une petite fille que
ses parents ne purent qu'essayer de venger. Deux ans plus tard, en 1893, les
mêmes Tapanhunas brûlèrent un village issu du sien, celui du Bananal Grande,
en amont de la cachoeira de São Florencio. D'ici en amont la région commence
à n'être pas très sûre.…

Le petit peuple de Gomes est le même que celui de Corrêa, — mais pourtant
avec quelque mélange de sang noir, — en assez petite quantité pour ne pas
altérer le type indien, mais en quantité suffisante pour l'élancer un peu et
lui brunir son rouge cuir en lui amincissant la taille et en lui embellissant
les dents.

Pour ce qui est du costume pour les hommes et pour les femmes, il est le
même dans les quatre villages Apiacás ; on a des « rechanges », mais les
femmes vont à peu près toujours nues et les hommes à demi vêtus. C'est de
la maloca de Gomes qu'est parti, le 17 septembre 1895, avec quelques
Apiacás, l'alferes Fortunato qui commanda la Collectoria après la mort de
Garcia. Depuis on est resté sans aucune nouvelle du succès de ce voyage.…

Du village de Gomes au village de Benedicto, ce sont deux grands « estirões », c'est-à-dire deux grands « coudes » de la rivière : l'estirão do Labyrintho et l'estirão da Fortaleza.

L'estirão do Labyrintho courant, rectiligne, du Morro da Fortaleza à la
cachoeira d'aval, paraît être un emplacement excellent pour l'établissement
d'un village. Une campina sur la rive gauche, des terres à forte végétation
partout, des montagnes dans l'intérieur : le milieu paraît fécond autant qu'il
est beau.

Le Morro de Fortaleza, rive droite, est une montagne rocheuse rappelant
Cuatacuara, et São Benedicto, sauf qu'elle est non pas à pic sur le bord de la
rivière, mais à une centaine de mètres dans l'intérieur, par derrière des rochers

et des îlots. De la rivière on n'aperçoit, à travers la forêt, que des escarpements à mi-hauteur de la montagne, une espèce de corniche de rochers surplombant avec des bastions à pic donnant l'idée, si l'on veut, d'une forteresse.

Nous arrivons, par un noir ciel de trovoada qui devait nous réserver de la pluie toute la nuit, chez l'excellent Apiacá Benedicto, capitaine, c'est-à-dire tuxáua, c'est-à-dire chef de village céans, en bas de S. Florencio.

Le capitaine Apiacá Benedicto.

Benedicto est un moderne : cinq minutes après notre arrivée, plus une seule femme en costume national ! Toutes ont endossé des robes d'indienne frippées qu'elles portent mal. Elles sont déjà guindées, les civilisées à Benedicto ! Que le bon petit tuxáua fasse suffisamment de caoutchouc et ces dames diront *Shoking !* et seront élégantes comme des puritaines. Cependant un garçon laborieux, serviable et loyal, que ce Benedicto.... Aussi bien, malgré ses prévenances un peu hautaines à l'endroit de sa maisonnée de bonnes femmes, je ne le soupçonne point capable, autant que j'en puisse juger, de se faire un apôtre de « l'émancipation féminine » !...

Toutefois, les mœurs des primitifs plus ou moins habillés étant tout aussi sujettes à caution que les nôtres, et le peu d'idées « pratiques » que leur suggère leur vie restreinte ne les incitant pas moins que nous à être « habiles », j'ai toujours peur de trouver dans quelqu'un de ces malins sauvages s'essayant au pantalon... un de mes futurs présidents du Conseil des ministres ! Les aventuriers Araméens et Kouschites vont, en effet, être pour un temps les maîtres du monde. « Je ne crains rien, disaient nos aïeux, que le ciel ne tombe... ! » Soulouque et Iscariote sont aujourd'hui beaucoup plus dangereux que les vindictes d'un ciel qui semble ne plus avoir de sourires que pour tous les pharisiens, fussent-ils à moitié macaques ! — Jamais le triste métier d'honnête homme n'a été aussi ingrat que de notre temps.

Mais va ! mon bon tuxáua Benedicto, prends du pantalon et de la chemise blanche. Ton estomac n'est pas encore assez solide pour accepter de civilisation, assez pour t'intoxiquer. Continue ! avant que tu sois devenu trop vieux, nous serons arrivés à une époque où l'Histoire finale des hommes dira : « En ce temps-là l'humanité était heureuse.... »

En attendant, souris et pagaye et ne pense à rien ; la vie est brève et l'illusion laisse des lendemains tristes.

Benedicto ! Apiacá candide, mais portant beau, à qui manque seulement un banquier à caisse ouverte et un cheval à « physique » spécial pour ressembler à l'un de nos grands hommes, va ! et prends patience sans trop te civiliser. Les maudits de l'Occident affolé et décadent s'en vont partout semant le grain de la bonne herbe qui naîtra dans la Capoeira[1] de ce vieux monde. L'Homme fera l'amnistie, peut-être même aux Anciens et aux Juges. Et, comme les frères indiens comprennent aussi les paraboles, je puis ajouter : Pour les vainqueurs et les amnistiés, après les premiers grands combats où tous les lâchement ou hypocritement asservis des vieilles civilisations recouvreront l'usage de la liberté et de la hache et de la victoire, ouvre, Apiacá, ouvre tes terres vierges ! Les vieux du monde, régénérés dans les eaux rouges et flamboyantes de la

---

1. *Capoeira* : vestiges d'anciennes cultures abandonnées.

Nouvelle Jouvence, viendront demander aux forêts Apiacás l'hospitalité des temps nouveaux. Et, sous les forêts aux racines plus vieilles que les premiers âges de l'homme, on ensevelira, le sol labouré et retourné jusqu'au fond, on ensevelira pour jamais, pour qu'elles y pourrissent sans laisser ni un souvenir ni un miasme, les archives de l'Ancienne humanité, la Mauvaise....

En attendant, Benedicto va nous accompagner à Salto Augusto, il est bon

Cachoeira de São Florencio.

patron de canot et il flèche bien : les cachoeiras et le poisson nous seront favorables.

Après le *Rapide da Dobração* (*dobração* : il faut « doubler » l'équipage pour passer), on prend les premières « pedrarias » de la CACHOEIRA DE S. FLORENCIO. Ce sont des régions où la forêt disparaît plus ou moins complètement, cédant la place à des étendues pierreuses offrant parfois l'aspect d'une place publique mal pavée, parfois d'un immense banc monolithe couvrant la terre au loin de toutes parts (la *lage*), parfois et le plus souvent de blocs énormes ou moyens, de toutes formes et de toutes dimensions, dispersés ou jetés au hasard, en entassements, en écroulements, parmi de vastes espaces ne laissant passer que des arbres et des arbustes rabougris et mal venus. Et partout des végétations de marais parmi des rochers toujours humides, quand ils ne sont pas noyés.

La cachoeira de S. Florencio roule son flot énorme et bondissant au milieu d'un ravissant paysage d'ilots, de végétations gaies que dominent à l'arrière-plan, par derrière les lages des deux rives, des montagnes haut boisées qui brillent maintenant d'un éclat métallique sous les rayons du soleil de midi.

Rive gauche, des montagnes sont à pic sur le bord du Tapajoz, ce sont les Morros de São Florencio, dont la masse abrupte élève en face de la cachoeira une muraille de 3o à 4o mètres de hauteur.

Un peu en amont de la cachoeira de S. Florencio, rive droite, est une maloca qui a son histoire, la Maloca du Bananal Grande.

La Maloca du Bananal Grande n'est plus aujourd'hui qu'un mauvais carbet dans une roça mal entretenue. C'est cette maloca qui fut, voici environ trois années, brûlée par les Tapanhunas pendant l'absence des gens de la maison. Le « Bananal Grande » s'étend de la rive où était la maloca et où est actuellement le carbet jusqu'à l'Igarapé da Cabeceira do São Florencio, situé un peu en aval. Le bananal n'est pas visible de la rive, précaution inutile qui n'a pas empêché ces terribles déprédateurs que sont les Tapanhunas de brûler la maloca et de saccager comme ils ont pu le champ de bananiers, — que ses propriétaires, toutefois, n'ont pas eu beaucoup de peine à restaurer et à rétablir dans son état primitif. Aujourd'hui, malgré la grande consommation que font de bananes tous les villages Apiacás (qui considèrent le bananal de S. Florencio comme leur propriété commune et qui viennent alternativement y charger leurs canots de bananes et d'autres fruits), — aujourd'hui il reste bien encore suffisamment de bananes au Bananal pour qu'on en puisse charger deux ou trois igarités.

Le village que les gens du Bananal ont fondé à l'igarapé da Cabeceira après la visite des Tapanhunas est encore peu important. Il se trouve à 3 ou 4 heures de marche d'ici, — car on s'y rend par terre, l'igarapé, encombré d'arbres tombés, n'étant pas navigable. C'est sous couleur d'y faire de la borracha que les gens du Bananal se sont transportés dans les hauts de l'igarapé da Cabeceira, la région étant, paraît-il, fort riche en seringaes. Toutefois, les Apiacás de chez Gomes qui fondèrent la maloca du Bananal, puis celle de l'Igarapé de Cabeceira, étant connus, paraît-il, pour être les Indiens les plus paresseux de la région, c'est par des productions de 10 ou 15 kilos de caoutchouc par tête que ces piètres travailleurs liquident leur fin de saison. A ce travail et à l'exploitation d'une petite plantation de manioc se borne toute leur industrie.

A l'extrémité amont du long estirão de la cachoeira de S. Florencio, on prend les rapides de la Dobração da Mizericordia, en aval de la cachoeira du même nom. De ces rapides à la Cachoeira da Mizericordia, la rivière est bastionnée des deux côtés, mais principalement rive gauche, de gros rochers de 5 à 10 mètres de hauteur, coupés à angles brusques et fortement saillants. Une stratification horizontale bien visible donne à ces masses rocheuses l'apparence d'une construction édifiée de main d'homme. Des végétations rabougries se sont juchées au sommet de ces masses de pierre.

La Cachoeira da Mizericordia se produit rive gauche à un angle brusque de la rivière qui, dans un tournant, est précipitée dans une chute entre les « pedrarias » de la rive et les entassements de rochers qui encombrent le lit même des cours d'eau. Emportés par un courant furieux, les malheureux qui n'ont pas pu maîtriser l'impulsion de leur canot ne peuvent que crier Miséricorde! en se voyant précipités dans l'entonnoir où les guettent les pointes aigues des rochers meurtriers. La violence des eaux se brise à angle droit aux rochers qui semblent ébranlés et l'énorme masse liquide brusquement rejetée dans une autre direction tourne sur elle-même dans un formidable remous, puis, franchissant d'un bond violent la dernière déclivité, elle s'étale en traînées d'écumes blanche dans le lit de la rivière redevenue tranquille.

Les bagages sont passés par terre; le sentier de décharge n'a pas 200 mètres, mais il est un des plus mauvais du Tapajoz. Il faut, montant, descendant, se hisser, se glisser de rocher difficile en rocher périlleux. Pour être plus courts que les descarregador du São Florencio et du São Simão, il ne cesse pas d'inspirer plus d'inquiétudes. Pour ce qui est des embarcations, elles passent par le varadouro quand il offre assez d'eau, sinon il faut longer la grande chute en cherchant une voie parmi les rochers que découpent des canaux dont la configuration varie avec le niveau des eaux.

De suite en amont de la Cachoeira da Mizericordia, c'est, rive gauche, une petite plage de sable au sinistre renom, la Plage des Tapanhunas, que ces Indiens traversèrent, il y a trois ans, pour venir incendier la maloca du Bananal Grande.

Puis jusqu'à la Cachoeira do Canal do Inferno, c'est un long estirão avec des végétations maigres bordant les rives et, sur la droite, d'interminables « lages » aux buissons rares, déroulant jusqu'au pied de la chaîne de collines voisine des aspects d'Arabie Pétrée qui garderait des traces d'inondations anciennes et récentes.

La Cachoeira do Canal do Inferno précipite la force de ses eaux rive gauche entre la terre ferme et un îlot montagneux et pierreux qui tient le milieu de la rivière. Pour l'ordinaire, on ne se risque pas à passer la grande chute : on prend par le canal oriental entre l'îlot et les lages de la rive droite. Notre montaria passe partout sans beaucoup de difficultés, elle n'est que de 60 arrobas; toutefois, à toutes les cachoeiras, nous devons décharger complètement le peu de bagages que nous avons.

Pendant que le canot passe, complètement vide, et les hommes, à l'eau, tirant dans les courants plus ou moins violents, pendant que deux restés à bord manœuvrent l'embarcation à la perche, les passagers s'en vont par la « lage », faisant des détours pour éviter des bras d'eaux stagnantes ou vives, dormant ou courant dans les coulées des grandes tables de pierre ravagées par les eaux et les ans. On fait parfois un trop long détour, et, après avoir éprouvé un quart d'heure la sensation d'être perdu parmi les broussailles et les pierres, on arrive en amont du point de partage et on attend. Les hommes remorquent la montaria dans les courants, la hissent dans la chute et bientôt geignant avec force, poussant, pour s'exciter, des cris bizarres, ils apparaissent au bief d'amont toujours joyeux et prêts à recommencer dans une heure, s'il le fallait, leur dure besogne, qui est peut-être la plus dure qui ait jamais pesé sur les bras de l'homme. Les braves canotiers ont déjà découvert le rocher où « les blancs » les attendent et souvent c'est en faisant retentir l'air de cris joyeux d'Arabes en fantasia que les bons compagnons viennent chercher leur ami le Blanc, qui pendant tout ce temps les a attendus à l'ombre, après sa petite promenade sur les rochers. Promenades où sont fréquentes les rencontres bizarres : cette fois, ce fut une tête de Mundurucú aux os fracassés. La pièce anatomique avait été fort bien préparée, sans doute par les Urubús, car le squelette d'un de ces carnassiers gisait à côté de la tête du Campineiro. Le Mundurucú mourut-il pour avoir mangé de l'Urubú, ou l'Urubú mourut-il empoisonné pour avoir mangé du Mundurucú malade? Cruelle énigme....

Immédiatement au-dessus du canal do Inferno, la « lage » se poursuivant rive droite à quelque distance en amont, c'est la CACHOEIRA DO BANCO DE SANTA URSULA. Au milieu de la rivière, et occupant la moitié de son lit, un « banc » de rochers perpendiculaires au courant et presque toujours à découvert : c'est le « banc » de Santa Ursula. Le banc de Santa Ursula..., ce nom m'a toujours laissé rêveur. Une coulée de rochers capable de faire trébucher une grande rivière dans sa marche, certes, ce n'est pas là une chose banale ; mais faire de ce demi-endiguement d'un cours d'eau, qui serait partout ailleurs appelé grand fleuve, un « banc » pour qu'une sainte y vienne plonger ses pieds candides dans l'effrayante écume des cataractes !... Il est vrai que tout en bas c'est le canal do Inferno : protégez-nous, Santa Ursula !... Que l'on passe par le grand courant à gauche du banc ou par la brèche de la rive droite, c'est toujours près de trois mètres à sauter sur 45° d'angle. Or ces sauts-là ne se font pas. Et Santa Ursula ne peut protéger que des entorses et des glissades, car bagages et passagers doivent nécessairement passer par terre, à l'aval comme à l'amont, aux basses eaux et aux eaux d'hivernage.

Après la Cachoeira de Santa Ursula, la CACHOEIRA DE SANTA IRIA. Une île divise cette cachoeira en deux gorges, précipitant leurs eaux avec une violence inégale selon les saisons, mais sensiblement la même si on considère tout le cours de l'année. Le canal de l'Est est le plus étroit et c'est celui que nous prenons pour être réputé le plus facile. La rivière descend bien au moins deux mètres à Santa Iria. Notre étroit canal oriental est, heureusement, très resserré par les habituelles végétations des rives pierreuses. Autant de branches qui, plongeant dans l'eau rapide, sont secouées comme d'un spasme nerveux : autant de branches de salut. Mais, quand on est un vieux praticien de cachoeiras, on ne croit plus aux eaux mauvaises, jusqu'à ce qu'on se noie à son tour. Parmi les branchages que secouent les eaux tumultueuses et brutales du petit canal de Santa Iria, voici un canot en écorce, de fabrication Mundurucú. Appartenait-il au Campineiro dont la tête repose, à l'entrée du canal do Inferno, à côté d'un squelette d'Urubú ? Les Indiens Apiacás qui m'accompagnent sont encore beaucoup plus que moi indifférents à ce mystère. « Quelques Mundurucús qui se seront noyés, puis quelque brave Urubú qui se sera emparé de la caboche pourrie de l'un de ces bandits.... » D'homme à homme, quand on ne se connaît pas, voilà bien les oraisons funèbres que l'on se réserve. Quand on se connaît on s'en consacre de magnifiques, moins éloquentes mais aussi véritablement émues que celles de Bossuet... « La mort de mon voisin ne saurait sincèrement m'attrister : elle agrandit la terre à mon profit!» Ainsi parlait un vieux chef indien de mes amis. « Une naissance de plus, c'est un ennemi possible de plus, tandis qu'une mort laisse toujours un peu de place à prendre... », me disait un jour, confidentiellement, un fameux homme d'État. Qu'est-ce donc que cette humanité qui, aux pôles extrêmes de la civilisation et de la sauvagerie, présente une si identique morale altruiste?...

La CACHOEIRA DE SÃO RAPHAEL, dans un vaste cadre de collines, présente de toutes parts des îles, des îlots, des rochers, des rapides, en telle quantité qu'il serait difficile d'en faire une énumération exacte. Le dénivellement total est tout au plus de 3 mètres.

Nous en sommes à la neuvième cachoeira depuis et y compris Todos os Santos, il nous en reste encore neuf avant d'arriver à Salto Augusto.

CHAPITRE V

La Cachoeira de São Gabriel, que l'on rencontre tout de suite au-dessus de celle de São Raphael, est un très puissant rapide qui, dans le grand lit de la rivière, descend en ondes tumultueuses où les embarcations ne se risquent pas. La cachoeira présente, rive gauche, entre la terre ferme et une île qui n'est qu'une grande « lage » à sa partie amont, un canal étroit tournant brusquement à angle droit en face de rochers en muraille se dressant à quelques mètres de hauteur sur la rive gauche.

Au-dessus de São Gabriel les rives qui, depuis les premières cachoeiras du Alto Tapajoz, étaient le plus fréquemment couvertes de la végétation rare et rachitique des régions pierreuses, présentent en maints endroits une riche terre arable d'où s'élèvent des forêts de haute venue d'un vert non plus pâle et jauni mais à reflets métalliques et noirâtres.

La Cachoeira da Dobração n'est qu'un rapide qui ne présente rien de dangereux.

La Cachoeira do Saïval est dans le même cas. On appelle Saïval, dans la langue géographique de l'Amazone, un bras de rivière dans les « pedrarias » et les végétations particulières aux rochers des rivières. Le « saïval », en amont de la cachoeira da Dobração, est un spécimen quelconque de cette particularité géographique. Le « varadouro », autre terme de géographie locale, indique un chemin de canot parmi les rochers noyés ou non avec des traverses de bois rond placées dans le lit de la rivière pour faciliter le glissage du canot.

La *Cachoeira de São Lucas* est une des fortes cachoeiras du Alto Tapajoz. Elle est déjà périlleuse bien que nous ne soyions qu'aux eaux moyennes. Le seul canal praticable, même maintenant, est rive gauche, il paraît que le canal de rive droite, aux grosses eaux, est absolument formidable.

La *Cachoeira das Ondas*, appelée par Chandless « *da Lage de São Lucas* », est partagée en cachoeira de droite et en cachoeira de gauche par trois îles principales, étroites et longues, se succédant dans le sens du courant. Une grande « lage » se poursuit presque sans interruption sur la rive droite jusqu'en face de l'Igarapé das Ondas, important affluent de près de 3o mètres de largeur à l'embouchure.

De suite au-dessus de l'Igarapé das Ondas et d'une petite campina également rive gauche, un rocher à pic dressant, un peu dans l'intérieur, sa façade blanchâtre, de 20 à 25 mètres d'élévation, — et qui est aussi rive gauche, — on prend les *Travessões do Banquinho*, petite cachoeira sans rien de périlleux, de même que, plus haut, le *Travessão Grande* (le « Rebujo » de Chandless).

Immédiatement au-dessus du Travessão Grande commence la région du Salsal.

La *Cachoeira do Salsal* présente tout au plus de forts courants. Cette cachoeira n'est jamais bien dangereuse : elle ne se compose que de rapides bruyants plus violents ou plus tranquilles, selon la hauteur des eaux, mais toujours inoffensifs pour qui connaît les cachoeiras.

Au Salsal la rivière est, rive droite, flanquée, à peu de distance dans l'intérieur, d'une chaîne ininterrompue, la Cordillière du Salsal, qui, par les régions centrales, s'étendait, paraît-il, jusqu'au-dessus du Salto Augusto. A peu près à la même hauteur, dans le São Manoel, débouche un Igarapé do Salsal qui est doublement connu par les Mundurucús pour être le chemin de la salsa (salsepareille) et le chemin du Salto Augusto.

La « salsa », qui a donné leur nom aux accidents géographiques du district, est, parait-il, assez abondante dans le région. Toutefois, son exploitation étant réputée peu remunératrice aux portes des grandes villes, il est probable que ce ne sera pas ce dépuratif qui suffira à attirer la colonisation sur les limites de Pará et de Matto Grosso.

La *Cachoeira das Furnas* est une des fortes cachoeiras du Alto Tapajoz, bien qu'elle ne présente cependant de grandes difficultés ni à la montée ni à la descente.

A l'entrée d'aval, la grande ile de la cachoeira, l'Ilha das Furnas, offre, rive droite, un chemin plus court; malheureusement, la Paranamirins de l'Ilha das Furnas est à peu près à sec pendant l'été et présente, aux grosses eaux, des petites cachoeiras aussi redoutables que la cachoeira principale.

C'est à l'Ilha das Furnas que les Mundurucús massacrèrent, il n'y a pas encore deux ans, un petit parti de Tapanhunas qui étaient venus dans ces parages pour y faire une récolte de castanhas. Je ne sais si les Mundurucús oublièrent de couper des têtes, mais ce qu'ils ne négligèrent point ce fut d'emporter, au pays des Campineiros, la castanha récoltée par les Tapanhunas massacrés.

La cachoeira das Furnas est flanquée, rive gauche, de montagnes dont une est rocheuse et dénudée, et, rive droite, d'une grande lage qui, déjà en amont, est accompagnée d'un assez long ilot également de « pedrarias » et de végétations pauvres. On prend par la rive droite où le « saïval » et ses continuations n'offrent aux canotiers que beaucoup de fatigues contre peu de périls.

De Furnas à Tocarizal, la cachoeira d'amont, c'est une des régions où peina mon excellent patron Paulo Leite. Mon digne ami eut là une installation, un peu en aval d'un igarapé, également rive droite, où il commença à nouer d'honorables et fructueuses relations avec le caoutchouc. C'était en 1887 ; depuis, la connaissance s'est faite plus intime…. Puisque la petite rivière n'a point de nom, ni civilisé (!) ni même indigène, je demande qu'on accepte que pour l'avenir elle soit l'« Igarapé de Paulo Leite ».

C'est aujourd'hui vendredi 15 novembre, jour de la fète nationale du Brésil, que je pars de la *Cachoeira do Tocarizal* pour arriver à Salto Augusto.

La Cachoeira do Tocarizal est précédée en aval d'une petite enseada à l'extrémité amont de laquelle tròne une plage de sable à pic, surélevée de deux

mètres, aux eaux moyennes, au-dessus de la rivière qui descend encore fré-
missante de la chute qui gronde là au tournant.

Cette cachoeira est du nombre de celles qui sont plus bruyantes que dange-
reuses; on la passe sans encombre, sans même y penser beaucoup, car on est
absorbé par l'idée d'un voisinage fâcheux pour le pauvre Tocarizal, l'idée du
Salto Augusto.

Rien ne peut nous distraire de l'idée de cette borne-frontière qui est d'autant plus formidable que la nature seule l'a établie. Pourtant le paysage se
dramatise : Voici un arbre qui a été abattu l'été dernier et dépouillé de son
écorce par d'étranges voyageurs, qui ne peuvent être que des Tapanhunas....
Mais les Apiacás n'ont pas peur, ils savent le nombre de fusils que nous avons
à bord, et d'ailleurs ils ont confiance en leur patron Paulo Leité, le véritable
chef de la bonne petite tribu....

Vendredi 15 novembre, 11 heures 15 minutes du matin : nous voici à
Salto Augusto !

L'illustre explorateur Chandless a été le seul, à ma connaissance, qui ait
laissé de Salto Augusto une description acceptable. La sienne mérite d'être
reproduite aussi *in extenso* que possible : elle plus qu'exacte, elle est
vivante.

« Le Salto Augusto, dit Chandless, est la limite généralement acceptée entre
le Pará et le Matto Grosso, bien que cette frontière n'ait pas encore été déterminée par une loi.

« La cachoeira est double; la rivière descend par deux canaux présentant
chacun trois chutes.

« La grande chute de la rive gauche est très haute, mais la plus forte masse
des eaux descend par la grande chute de la rive droite avec un bruit formidable.

« L'ensemble de ce saut, composé de deux chutes sur le même plan, mesure
environ 10 mètres de hauteur. Immédiatement et faisant toujours partie du
Salto Augusto, se trouve un autre saut qui est moins élevé.

« De toutes façons ce saut est une limite naturelle entre Pará et Matto
Grosso, continue, d'après Ferreira Penna, le même auteur; — en amont les
poissons sont d'écaille et en aval de vase; les forêts sont, en aval, plus riches

en produits naturels, et, aussi bien, c'est là l'extrême frontière de la salsepareille qui n'est plus connue au sud de ce point. »

Du confluent en amont, Salto Augusto est le premier saut où il y ait impossibilité absolue de passer les canots, grands ou petits, autrement que par terre.
Les igarités se hissent au sommet de la petite montagne de rive droite, on
les fait glisser sur des rondins placés à un mètre les uns des autres, et on les

Salto Augusto, rive droite (aval), vue prise de la Lage.

voiture ainsi à force de bras jusqu'à une petite baie au-dessus de la chute. Et
pour descendre il faut s'inspirer du même procédé. Un chien et une caisse
vide précipités du haut du saut arriveraient en bas la caisse disloquée et le
chien mort... à moins qu'ils n'aient disparu pour toujours dans les remous
des bas du saut.

Ce chemin de halage du Salto Augusto a été établi à travers la capoeira d'un
certain Manoel Amazonas qui, voici une cinquantaine d'années, aurait été
envoyé par Matto Grosso comme Directeur des Apiacás, qui habitaient alors
bien en amont, mais qu'il s'agissait précisément de faire descendre vers la

frontière qu'on voulait conquérir. Le libre jeu du mouvement économique de l'Amazone a aujourd'hui tranché la question....

16 *novembre*. La matinée a été délicieuse et j'en ai profité pour visiter à nouveau et en détail ce Salto Augusto qui restera un des plus beaux souvenirs de ma vie de voyageur.

Tout au pied de la chute, à une cinquantaine de mètres au plus, nous voici tous secoués par l'émotion autant que par les vagues. D'ici l'aspect est nouveau. Ce sont des murailles à pic ou en gradins, stratifiées horizontalement avec des angles horizontaux brutalement esquissés.

Mais nous venons de la rive droite qui est celle du chemin de partage. La rive gauche est plus grandiose encore. La chute se produit, du côté de l'ouest, sur une ligne brisée arrivant, aux eaux moyennes, à dessiner un fer à cheval dont le sommet est en amont et les deux côtés sont formés par les îlots rocheux du centre de la rivière et les grandes lages nues et cyclopéennes de la rive gauche. L'hiver, l'eau déborde de tout cela et se précipite dans la gigantesque et architecturale cuvette jamais remplie. La première chute a lieu dans la grande « cuvette », la seconde se fait en un énorme rebondissement des eaux sortant du trou creusé au pied de la double chute. La troisième jette les eaux du haut d'un banc de barrage de 1 m. 5o à 2 mètres et qui coupe toute la rivière.

La « grande chute d'amont », le « rebondissement » et la « petite chute d'aval » sont, d'une rive à l'autre, de chaque côté des îlots rocheux qui occupent le milieu de la rivière, absolument symétriques. En ce moment les « grandes chutes » ont chacune à peu près 7 mètres de hauteur, les « rebondissements » 1 m. 5o et les « petites chutes » 1 m. 5o également.

L'ensemble de Salto Augusto, que l'on saisit assez bien du bas des grandes lages de la rive droite ou mieux de la rive gauche, l'ensemble du Salto Augusto offre le plus complet contraste avec la grande chute du Tapajoz inférieur, la seconde cachoeira de tout le Tapajoz, — Apuhy. Apuhy apparaît triste, fermé, bas, comme au fond d'un puits, — Salto Augusto largement ouvert, gai, comme une prodigieuse muraille d'eau qui tomberait du ciel dans les scintillements, les rutilements et les irisations du soleil.

De gigantesques castanheiros sur la ligne boisée enserrant les grandes roches nues, des pierres lisses qui sont partout, fragments de grès fin ou de meulières et qui sont des pierres à aiguiser, des orchidées sur les branches des vieux arbres ou les mousses des rochers, la rivière qui en amont tourne brusquement vers l'inconnu, le tonnerre permanent du merveilleux ensem-

Salto Augusto, en amont (rive droite).

ble du salto, et, au-dessus de la colonne de vapeur qui s'élève dans l'azur, des vols d'oiseaux de plein ciel croisant ou planant sur l'abîme....

Et comme pour donner à cette harmonie grandiose la note de tristesse humaine qui lui manquait, là-haut, tout là-haut, au port d'amont de la rive droite, l'igarité du malheureux Garcia....

Tristes détails : au milieu de ces saisissantes beautés il faut s'occuper de faire l'inventaire d'un malheur.

L'igarité de Garcia, ou plutôt du gouvernement de Matto Grosso, est une forte embarcation d'environ 400 arrobas (soit environ 6000 kilos) de charge. Elle était là, échouée sur un banc de rochers ; mais pour empêcher

que les grosses eaux la charrient du haut en bas de la chute, Paulo Leite a la
sage précaution de la faire amarrer dans une petite baie à l'abri du courant.

Garcia emportait avec lui des castanhas et du caoutchouc. Pour ce qui est
des castanhas il en avait, paraît-il, 45 sacs, toutefois les pérégrinants Mundurucús s'en sont déjà approprié la bonne moitié pour la confection de l'horrible bouillie qu'ils appellent *dahú*, plat favori du peuple Campineiro. Quant
au caoutchouc il en reste encore 3 à 400 kilos sous un rancho, dans le chemin
du saut. Cela ne doit pas tarder beaucoup à figurer comme production de
quelque laborieux Cara-Preta du Alto Tapajoz, ou du São Manoel. Pour les
vêtements et les objets personnels de Garcia, les survivants de l'expédition,
en descendant, les ont laissés à la maloca de José Gomes où ils sont là,
dans des malles recouvertes d'un drap et placées sur une sorte de boucan,
à l'abri de l'humidité.

Et c'est là, avec le douloureux souvenir d'un honnête homme lamentablement assassiné et la nécessité de châtier exemplairement une horde de
bandits indiens, tout ce qui reste de l'odyssée du capitaine Garcia junior
envoyé par le gouvernement de Matto Grosso fonder une Collectoria au
confluent du Alto Tapajoz et du São Manoel.

Et la solution du litige entre Pará et Matto Grosso n'a point avancé d'un pas.

Territoire contesté entre Pará et Matto Grosso. — Ces questions
de « Territoires contestés » faisant à l'heure actuelle parler la poudre encore
plus que les diplomates, qu'il me soit permis de présenter ici, au sujet du
« Contesté » entre Pará et Matto Grosso, quelques considérations, de l'ordre
exclusivement scientifique, anticipant sur mon voyage au São Manoel pour
présenter, d'une seule fois, des conclusions d'ensemble.

Sur ce point je commencerai d'abord par décliner toute compétence au
sujet des documents historiques qui peuvent exister et qui, dans l'espèce,
ne sont pas de mon ressort, je me placerai seulement au point de vue de ce
que nous appellerons, si l'on veut, d'un mot suffisamment expressif : les
convenances géographiques.

Étant donnée une région litigieuse entre deux États d'une même fédération,
où doit être établie la frontière? Il me semble que si, dans cette région, il
existe un point où se rencontrent *deux milieux climatologiques différents*,

que ces deux milieux pour être peuplés d'éléments appartenant à la même race, constituent cependant chacun un sous-groupe *ethnique* distinct; si de plus, à partir de ce point, tous les *intérêts économiques* de la contrée relèvent, par exemple, du côté du nord du marché septentrional et du côté du sud du marché méridional, c'est par ce point que doit passer ce qu'en langage moderne on peut appeler une bonne frontière.

Salto Augusto (rive gauche).

Or le point en question existe bien sur le Alto Tapajoz, et ce point c'est le Salto Augusto.

a. Frontière climatologique. — Le Salto Augusto, situé à environ 450 mètres d'altitude au-dessus du niveau de la mer est placé sur l'extrême limite du haut plateau Matto Grossense. Ayant parcouru du sud au nord ce plateau, le Tapajoz formé au centre même de Matto Grosso par la réunion du Juruena et de l'Arinos, le Tapajoz, déjà à plus de 800 kilomètres des sources de ses formateurs, se précipite par un bond de 10 mètres dans une terre nouvelle, une autre région brésilienne : l'Amazonie Paraense.

Chandless l'a constaté avant moi, aussi n'insisterai-je pas sur ce point qui est d'ores et déjà accepté comme vérité classique : Salto Augusto est un point de la limite entre le plateau Matto Grossense et le bassin Amazonien. Au sud c'est le climat semi-tempéré, au nord c'est le climat amazonien; une transition s'établit là non seulement pour ce qui est du climat, mais encore pour la flore et pour la faune.

b. Frontière ethnique. — Au sein d'une même fédération qu'est-ce qui peut constituer une frontière ethnique entre deux États? Évidemment une ligne située dans la zone où finit la supériorité numérique des originaires d'un État et où commence celle des originaires de l'autre État.

D'après les dernières évaluations officielles, Matto Grosso pour 1 390 000 kilomètres carrés a 100 000 habitants, et Pará pour 1 070 000 kilomètres carrés a 500 000 habitants, ce qui montre que l'État de Pará est, proportionnellement à sa superficie générale, 8 fois plus densement peuplé que l'État de Matto Grosso.

Dans ces conditions il serait difficile d'admettre *a priori* que ce soit l'État de Matto Grosso, 8 fois moins densement peuplé que celui de Pará, qui aurait peuplé le Contesté entre Pará et Matto Grosso.

Or ces indications fournies par le simple bon sens sont contrôlées par l'observation des faits.

Le São Manoel civilisé, du confluent à la Cachoeira das Sete Quédas, compte 36 maisons « d'habitants » dont 5 Matto Grossenses, 7 Maranhenses ou Cearenses et 24 Paraenses. Cette statistique se passe de tout commentaire.

Pour ce qui est du Tapajoz proprement dit, sur 200 maisons environ que l'on compte sur ses rives, je ne connais guère qu'un seul Matto Grossense, établi depuis trente-cinq ans dans le pays et n'ayant de relations qu'avec Pará; et pour ce qui est des 3 000 civilisés qui peuplent la totalité du bassin du Tapajoz de Salto Augusto à Itaituba, affluents de gauche comme affluents de droite, tous sont Paraenses, Maranhenses ou Cearenses et travaillent par et pour Pará; il serait difficile, je crois d'y trouver une douzaine de Matto Grossenses. La colonisation, la pénétration par Matto Grosso est donc un mythe, la colonisation au Tapajoz est aux mains des Paraenses et de leurs auxiliaires les Maranhenses et les Cearenses.

Au Alto Tapajoz moins peuplé, et qui compte à peine une demi-douzaine de maisons civilisées du confluent du São Manoel à Salto Augusto, les deux tiers des habitants sont Paraenses et leurs aviadores sont nécessairement Paraenses puisque les communications avec Matto Grosso sont non seulement difficiles par suite du manque de population, mais encore périlleuses à cause des Indiens bravos; leurs marchandises viennent de Pará, leur caout-

Salto Augusto, vue d'ensemble.

chouc va à Pará, et même ceux qui sont Matto Grossensés se voient obligés de passer par Pará, s'ils veulent revoir à nouveau leur Cuyabá lointaine.

c. Frontière économique. — Jusqu'à Salto Augusto tout venant de Pará et tout allant à Pará, au-dessus de Salto Augusto le désert se faisant absolu par-derrière la frontière paraense, il est évident qu'au point de vue économique, pour Pará la frontière de Salto Augusto ne constitue qu'une revendication parfaitement modérée.

Il serait même aisé, si l'on voulait, d'insister sur ce point : de Salto Augusto au Matto Grosso peuplé ce sont encore quinze jours de montée dans le Tapajoz et dans l'Arinos, quinze jours de désert inattribué, hostile, quinze jours dans un désert qui n'est que la terre de parcours des Tapanhunas et des Nambicuares. Et c'est même en sortant de cette zone, en entrant dans le Matto Grosso réputé sûr que le malheureux fonctionnaire Matto Grossense qui revenait de la Collectoria du confluent de São Manoel a été si lamentablement assassiné par les Indiens brabos qui opèrent avec impunité au cœur même de l'État voisin.

Aussi bien, ce qui se constate en amont de Salto Augusto se constate également en amont de la Cachoeira das Sete Quédas. A un jour au-dessous de la Cachoeira das Sete Quédas on trouve de la civilisation autant que dans la banlieue même de Pará. En amont de la Cachoeira das Sete Quédas, c'est le « Sertão bravo ».

Les Mundurucús civilisés d'une maloca un peu en aval de la Cachoeira das Sete Quédas, se préparaient, comme je revenais, à aller faire à quelques jours au-dessus de la Cachoeira limite, une récolte de têtes à boucaner chez des Parintintins de la rive occidentale. Et de la Cachoeira das Sete Quédas au Salto Tavares ce sont *dix jours* en montant, et du Salto Tavares au Salto das Sete Quédas (qu'il ne faut pas confondre avec la Cachoeira du même nom), ce sont encore *cinq jours*. Et du Salto das Sete Quédas au premier habitant civilisé du Haut São Manoel dans le Matto Grosso ce sont encore quelques jours.

Tirez une ligne passant par Salto Augusto et la Cachoeira das Sete Quédas, une autre passant par les dernières habitations civilisées de Matto Grosso du côté du nord dans les formateurs supérieurs du Alto Tapajoz et du São Manoel, entre ces deux lignes distantes l'une de l'autre de 5oo kilomètres du nord au sud, pas un civilisé! En revanche une demi-douzaine de tribus d'Indiens bravos : Tapanhunas, Nambicuares, Parintintins, Bakaïris bravos, Cajabis....

De très grandes chutes et au-dessus de ces chutes une zone peuplée seulement d'Indiens brabos : cela constitue plus qu'une frontière, c'est en amont de Salto Augusto et de la Cachoeira das Sete Quédas et jusqu'au centre de Matto Grosso, la « Marche » des anciens États du moyen âge, c'est la zone hostile et fermée, la « Terra Selvagens », « Terra dos Indios bravos ».

En amont de Salto Augusto. — D'après Chandless, et aussi d'après Paulo Leite et ses Matto Grossenses qui me précisent certains points, voici quelle serait, d'aval en amont, la distribution des cachoeiras au-dessus de Salto Augusto.

S. Carlos, à 2 kilomètres environ au-dessus de Salto Augusto; relativement facile;

S. João da Barra, à 3 kilomètres environ en amont de S. Carlos, grande et périlleuse cachoeira ayant deux canaux séparés par une petite île; chacun de ces deux canaux présente une cachoeira d'une puissance et d'une impétuosité rares. Toute la charge se passe par la petite île centrale et, aux grosses eaux, l'embarcation doit prendre le même chemin.

L'*Igarapé de S. João da Barra* qui débouche en face de la cachoeira du même nom, rive droite, est à peu près de l'importance du Bararaty ou du São Thomé. On remonte l'Igarapé de S. João da Barra quatre jours, franchissant maint rapide et même d'assez fortes « correntezas », mais après quatre jours en amont on arrive à une forte cachoeira que personne n'a franchie jusqu'à ce jour. Jusque-là le caoutchouc est abondant sur les rives et dans l'intérieur.

Les Apiacás avaient, il y a une cinquantaine d'années, quelques habitations dans cette rivière qui est redevenue depuis lors absolument déserte.

Rebujo;

Boqueirãosinho;

Boqueirão;

Figueira.

En amont de Figueira c'est le confluent de l'Arinos et du Juruena, formateurs du Tapajoz. L'Arinos est le cours d'eau principal et le véritable continuateur du Alto Tapajoz. L'Arinos et le Juruena à leur confluent forment une grande enseada, une des plus vastes, paraît-il, du cours du Tapajoz supérieur.

Pour se rendre aux villes du Matto Grosso on poursuit dans l'ARINOS, laissant au levant le Juruena encore mal connu.

Dans l'Arinos on rencontre les cachoeiras suivantes :

Meia Carga;

Dois Irmãos, longue cachoeira rappelant Chacorão ou Capoeiras;

Cachoeira de pedras;

Porteiro;

Dos Páos.

12

La Cachoeira dos Páos est la dernière cachoeira de l'Arinos. C'est à une petite distance en amont de la Cachoeira dos Páos que se trouve le confluent du *Rio Preto*, à un endroit appelé Porto Velho. A Porto Velho on quitte l'Arinos et on se rend par terre à Diamantina à 4 heures et demie de là.

De Salto Augusto à Porto Velho une forte montaria ou une petite igarité met de 15 à 20 jours avec un équipage moyen.

En amont de l'Igarapé de S. João da Barra les affluents du Alto Tapajoz et de l'Arinos sont peu importants. Entre Meia Carga et la Cachoeira dos Dois Irmãos se trouve rive droite (orientale) le confluent du *Rio dos Tapanhunas* dans les campos duquel vivent les fameux Indiens Tapanhunas, Indiens « bravos » assez redoutés.

En face du confluent du Rio dos Tapanhunas, rive gauche ou occidentale, vivent d'autres Indiens bravos, les Nambicuares qui ne jouissent pas d'une meilleure réputation que leurs voisins d'en face.

Entre Cachoeira de pedras et Porteiro l'Arinos reçoit deux affluents tous deux rive droite (?), le *Sumidouro* en aval et, en amont, le *Rio dos Patos*. Sur les bords de cette dernière rivière vivent des Bakaïris mansos.

En dépit des Tapanhunas et des Nambicuares, l'Arinos, voie de communication directe et depuis longtemps fréquentée entre le Tapajoz et les villes de Matto Grosso, l'Arinos est aujourd'hui parfaitement connu. Déjà les gens de Matto Grosso y exploitent des seringaes tout en faisant l'élevage du bétail dans les campos. L'Arinos qui coule dans un pays plat loin des montagnes serait, dit-on, extrêmement riche en seringaes. Il en serait de même du Juruena où quelques seringueiros de Matto Grosso se sont récemment installés ; toutefois le cours du Juruena est encore peu connu, car la crainte des Indiens bravos retient les chercheurs de caoutchouc.

Les tribus « bravas » ou « mansas » sont d'ailleurs assez nombreuses dans cette région encore peu peuplée et mal connue ; on me cite outre les Tapanhunas et les Nambicuares, des Parintintins, des Raïpé-Chichi ou Aïpo-Sissi, des Bakaïris mansos et des Bakaïris bravos, des Cajabis, des Paraouárété, occupant le pays entre l'Arinos et les formateurs du São Manoel.

Les Tapanhunas vivent dans les campos du Rio dos Tapanhunas. Ces campos se prolongent vers l'est dans la direction des Paranatinga et vers le nord

dans la direction du São Manoel, mais il n'est pas à croire qu'ils s'étendent
sans interruption jusqu'aux campos de ces deux rivières; de profondes masses
de forêts vierges occuperaient, d'après les Mundurucús, tout le pays entre les
campos des Tapanhunas et du Paranatinga et la Cachoeira das Sete Quédas.

Les Tapanhunas sont, paraît-il, de lingua geral, les Apiacás auraient, disent-
ils, parfaitement compris leur langue dans les rencontres d'ailleurs fort rares
qu'ils ont eues avec eux depuis la migration des Apiacás vers le nord. La
tactique de guerre des Tapanhunas ne dénote pas de la part de ces Indiens

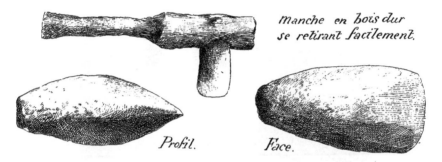

Manche en bois dur se retirant facilement.

Profil.   *Face.*

Haches Tapanhunas.

une bien grande valeur militaire ni morale : c'est tout bonnement l'assassinat
par trahison. Ils attendent les voyageurs qui s'en vont passant par la rivière.
Les Tapanhunas sont là sur quelque plage, sur quelque berge, à un angle
autant que possible pour que les voyageurs soient forcés à agir de suite sans
avoir trop le temps de réfléchir. Ils surgissent ainsi tout à coup du paysage
sans arc ni flèche, riant, parlant fort, et faisant à ceux qui viennent force signes
d'amitiés pour les inviter à accoster. Que les imprudents voyageurs s'appro-
chent à portée des flèches et soudain nos Tapanhunas font pleuvoir leurs
« tacuaras » sur leurs confiantes victimes. En quinze années de voyage chez
les Indiens je suis arrivé à me faire cette conviction que les Indiens « bravos »
sont purement et simplement des bandits héréditaires et professionnels à
l'endroit desquels la philanthropie est un leurre.

Les NAMBICUARES qui habitent en face des Tapanhunas de l'autre côté de

l'Arinos partagent avec ces derniers la réputation d'Indiens bravos, anthro-
pophages à l'occasion. Toutefois les deux tribus sont ennemies. On a quelquefois présenté les Nambicuares comme des Apiacás bravos à cause de la simili-
tude de leurs dialectes qui sont l'un et l'autre de famille *tupi,* mais le fait est
d'autant moins vraisemblable que les Apiacás sont d'excellents marins de
cachoeiras tandis que les Nambicuares ignorent le canot et vont exclusivement par terre.

Les Parintintins, nation indienne qui arrive presque à me paraître mythique,

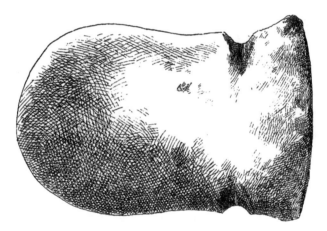

Haches Parintintins, vue de face.

tellement je la vois signalée sur des points si opposés et si éloignés, les Parintintins existeraient, réellement, dans les forêts au-dessus de Salto Augusto et
de Sete Quédas, entre Alto Tapajoz et São Manoel. Les Mundurucús en signa-
lent à deux ou trois jours au-dessus de Sete Quédas, entre le São Manoel et
le Alto Tapajoz. Dans ces parages, quand une maloca ou une maison civilisée
a été pillée pendant l'absence des maîtres de la maison, on dit : Ce sont les
Parintintins. Il y a de ces Parintintins partout.

Les Raïpé-Chichi ou Aïpo-Sissi qui vivraient dans le sud, du côté de Matto
Grosso, auraient été gratifiés par la nature, à moins que ce ne soit par quelque
mauvais plaisant, d'une masculinité tellement exagérée qu'elle en serait ridicule.

Les Bakaïris mansos s'étendraient du Xingú aux deux rives du São Manoel en aval du confluent du Paranatinga. Ces Bakaïris sont civilisés, dit-on, ils ont du bétail, ils savent lire. Les Bakaïris bravos seraient dispersés dans l'intérieur entre le Xingú et le Paranatinga, le Paranatinga et le Juruena.

Les Cajabis bravos s'étendraient du Alto Tapajoz au São Manoel et au Xingú au nord des Bakaïris bravos, des Tapanhunas aux Parintintins.

Enfin les Parauарété, au nord des Cajabis, seraient voisins des Parintintins et comme ces derniers seraient visités, à peu près annuellement, par des partis Mundurucús en quête de têtes à couper.

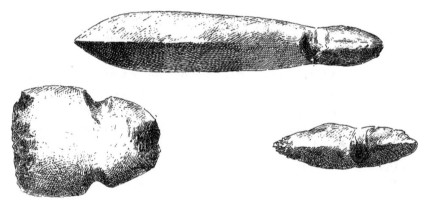

Haches parintintins.

Retour de Salto Augusto. — Samedi 16 novembre, dans l'après-midi, nous retournons de Salto Augusto. Nous couchons à la plage du Toranzol où nous retrouvons, fidèle à son poste, la copieuse légion de moustiques et de carapanas qui nous a accueillis hier soir.

Est-ce l'énervement d'une mauvaise nuit, est-ce l'inévitable mélancolie du retour, est-ce l'ennui bizarre mais pourtant bien connu et vérifié que traîne après lui le jour dominical — (ce n'est qu'hier que nous avons quitté Salto Augusto)?... — Je ne sais. Il me semble toutefois que si j'avais à poursuivre sur Rio de Janeiro par le Juruena et le sertão des Indiens bravos, nous aurions, elle et moi, plus de gaîté dans les allures.

Nos jours de descente sont des jours « rapides ». Aujourd'hui, 17, nous sommes embarqués et partons à 5 heures et demie du matin. Il fait à peine jour. D'ailleurs une brume épaisse descend sur nous, compacte et froide, et nous laissera nous guider au juger jusqu'aux rayons du soleil de neuf heures sous lesquels se dissipera le brouillard.

Nous repassons nos cachoeiras.

Voici Furnas. On décharge aussi en descendant, mais seulement au rapide d'amont; à celui d'aval le canot est filé arrière-avant dans le saïval, retenu par les hommes qui tiennent la corde en amont et maintenu par le patron et un homme, le patron se servant d'une perche comme gouvernail et le matelot assurant la direction au moyen du long crochet appelé *ganeho*.

C'est à un petit îlot entre Furnas et Ondas qu'il m'arrive un des plus grands étonnements de ma vie de chasseur. Nous entendons le sifflement d'un tapir. Benedicto descend le premier à terre. Coup de fusil de mon tuxáua qui avait eu préalablement la précaution, sachant combien le tapir est dur à mourir, de glisser dans le canon lisse une de mes balles explosibles. Le tapir a dû être légèrement atteint, car après le coup de fusil il défila devant nous, lentement toutefois et laissant derrière lui une trace de larges gouttes de sang. A cent mètres plus loin le tapir tombe mort. Autopsie. La balle avait fait explosion dans le cœur même de l'animal qui avait eu encore la force de faire cent mètres avant de tomber mort d'une hémorrhagie interne!

Nous descendons Ondas par le canal de gauche. Le courant est moins violent que rive droite; toutefois il faut traverser de gros « bouillons » où il est nécessaire de manœuvrer d'une façon rapide et assurée.

Le grand canal de S. Lucas présente des ressauts tellement périlleux qu'une igarité, même déchargée, ne saurait s'y risquer. Le canot descend par le Saïval et les bagages passent par le sentier aux vanillons. (C'est là le seul endroit où j'ai rencontré de la grosse vanille; cependant dans l'Igarapé de la Baunilha, on rencontrerait, paraît-il, de la vanille véritable et d'excellente qualité.)

A S. Raphael on file le canot arrière-avant, à la corde, puis on passe les bagages par terre à l'îlot en face des campements de la plage.

A Santa Iria on passe par le petit canal que l'on prend en montant, et, bien que le rapide soit assez violent, on s'y lance à la pagaye. Mais à la chute proprement dite qui a bien, en ce moment, deux mètres de hauteur, il faut tout décharger et passer le canot à vide, avec beaucoup de précaution, sous peine de le voir se briser sur les roches des bas du saut.

La hauteur totale de la cachoeira du Banco de Santa Ursula est actuellement de trois mètres. Nous perdons trois heures à passer le canot à vide en faisant deux portages. Du saïval de Santa Ursula aux montagnes de l'est, les grandes « lages » et les « pedrarias » commencent à se couvrir d'eau. C'est là, l'hiver, le chemin des canots.

A Mizericordia on ne décharge que ma valise ; le canot, passé par le petit canal, arrive en même temps que nous, qui avons pris le chemin sur les rochers.

C'est à peu près à la hauteur de Mizericordia que se trouve le *Lago do Paulo Leite*, lac de trois kilomètres environ de longueur avec une largeur qui varie d'une demi-largeur à une largeur des Alto Tapajoz. Il accompagne le bras le plus occidental du S. Thomé — (lequel bras est le São Thomé véritable), — restant plus près du São Thomé que du Alto Tapajoz.

Aujourd'hui 18 nous couchons à la maloca de Bananal Grande, dont la plupart des habitants sont actuellement dans l'intérieur à la maloca de l'Igasopi da Cabeceira do São Florencio.

Au São Florencio nous filons le canot arrière-avant à la corde ; les eaux sont assez grosses pour nous éviter un portage ennuyeux, nos bagages pouvant cette fois sans péril être confiés au courant régularisé de la rive droite.

Au S. Simão, toutefois, il nous faut encore passer tout par terre, bien que l'eau ait monté de plus d'un mètre pendant quinze jours de notre voyage en amont.

Le 19 novembre dans l'après-midi nous arrivons chez Paul où nous allons préparer notre voyage au São Manoel.

CHAPITRE VI

Mes derniers jours chez Paulo Leite, pour être d'excellents jours comme ceux qu'on passe chez un ami récent à la veille d'une séparation peut-être éternelle, sont pourtant des jours bien froids. « Froids » comme température. C'est ce qu'on appelle ici le temps de la « friagem », le temps de la froidure. Il souffle du sud, des déserts de Matto Grosso, un vent aigre qui semble glacé. Ceux qui souffrent du foie n'ont qu'à se surveiller : c'est le moment d'être malade.

Le froid, le jour; la nuit, la pluie. Une pluie en rafale, rasant la terre plutôt que tombant du ciel. Les bruits de la chute, de la pluie et du vent, se mêlent dans des ténèbres compactes. Parfois on croit entendre des voix qui pleureraient dans l'étendue. Risquant un œil par la porte entre-bâillée on frissonne sous les soufflets de cette pluie qui semble venir d'en face et non d'en haut. Il semble parfois qu'on distingue des formes confuses, pareilles à de gigantesques fantômes noirs, surgissant soudain de trous d'ombre qui se font blâfards ou vitreux. L'indicible plainte de la nuit de pluie et de tempête me poursuit dans mon sommeil troublé, faisant, avec les rauques grondements de la cataracte maintenant sinistre, je ne sais quelle harmonie de deuil ou de sabbat.

26 novembre. — Nous partons à deux heures de l'après-midi de la case hospitalière de Paulo Leite. Mon ami Paulo nous accompagne jusque chez Mauricio où nous arrivons à une heure du matin sans nous être arrêtés même pour dîner ; et à sept heures, six heures après l'arrivée, adieu à Paul et départ pour la cachoeira das Sete Quédas avec Mauricio, qui me conduit à peu près à moitié chemin, jusque chez M. Saturnino Carlos Pereira.

Avec Mauricio, qui est pressé de retourner chez lui pour la célébration d'une fête de famille, nous faisons des journées qui comptent presque double, car nous voyageons une bonne partie de la nuit.

Nous allons vite. Le 30 novembre, à une heure et demie du matin, après quelques heures d'un vague sommeil que les moustiques et les carapanas ont rendu à peu près illusoire, c'est à la pointe d'amont de l'Ilha do Cururú que nous nous réveillons, maussades, les mains et le visage rouges et enflés. Le ciel est horrible, sans se départir pourtant de l'indéfinissable beauté dont ces déserts ont le secret. C'est un brouillard intense, brouillard épais, pesant, froid, et pourtant gros d'orages ; une voûte céleste basse, très basse, et qui n'est ni bleue ni noire, mais d'un azur sombre et sali, partout tacheté de gros nuages glaireux pareils à de monstrueux paquets de suie livide ; un silence qui paraît être le résultat de la tristesse des bêtes et des choses, et, surtout c'est Elle qui est là, seule, vaillante dans ces aspects de chaos, la Pensée humaine, affaiblie et hésitante, qui se cherche dans un milieu qui ne rappelle rien et que rien ne rappelle.

Et c'est sous des nuages bas, faisant comme un portique au-dessus du São Manoel, que nous entrons dans cette grande rivière qui ne paraît le céder ni en largeur ni comme masse d'eau à l'autre cours d'eau jumeau, le Alto Tapajoz.

Toutefois le São Manoel est loin de présenter les mêmes caractères généraux que la rivière sœur. Le São Manoel a moins de fond, beaucoup plus d'îles et surtout de grandes îles, et de très nombreuses plages de sable qui au fort de l'été se prolongent, presque ininterrompues, de chaque côté du lit rétréci de la rivière appauvrie. Bien que le São Manoel ait un débit un peu inférieur à celui du Alto Tapajoz, il pourrait paraître plus important à cause de sa grande largeur et de ses grandes îles; toutefois la lenteur de son courant qui traîne paresseusement sur les grandes plages de sable ne permet pas longtemps l'illusion.

Un autre contraste assez frappant entre les deux rivières est la densité relativement considérable du peuplement des rives du São Manoel. Près de quarante maisons dont on trouvera le détail aux Tableaux Statistiques s'échelonnent sur les bords du São Manoel, du confluent à la cachoeira das Sete Quédas.

Quant aux montagnes, elles sont un peu moins nombreuses sur les rives du São Manoel que sur celles du Alto Tapajoz sans que, cependant, la différence à cet endroit soit extrêmement sensible. Les premières que l'on rencontre sont rive gauche, où la Serra da Maloca Velha et la Serra do Alto Santo s'élèvent à 150 ou 200 mètres au-dessus de la rive.

La Maloca Velha fut une maloca Mundurucú fameuse autrefois, paraît-il; pour ce qui est de la Serra do Alto Santo, elle doit son nom bizarre à je ne sais quelle irrévérencieuse légende qui veut qu'un saint aurait jadis établi son domicile tout au sommet du morro, d'où il se serait un jour précipité la tête la la première dans le São Manoel, où les Mundurucús ne purent jamais le repêcher.

C'est à une petite distance en amont de la montagne de la plage et des îles qui tiennent leur nom de l'aventure du saint, que se trouve la plus grande île du São Manoel, une île qui doit être, avec celle du Cururú, la plus grande de tout le bassin du Tapajoz, l'Ilha da Conceição.

L'Ilha da Conceição mesure environ 15 kilomètres de longueur, ce qui est assez peu ordinaire pour une île fluviale située à plus de 1500 kilomètres de la mer à vol d'oiseau. Elle renferme de petits lacs comme l'île du Cururú et elle est encore flanquée d'autres îles dont deux petites, rive gauche, et huit, rive droite. De même qu'à l'île du Cururú le caoutchouc y est abondant.

C'est un peu en amont de cette grande île da Conceição que nous arrivons chez M. Saturnino Carlos Pereira, aux mains de qui me remet Mauricio, qui, moins d'une heure après, s'étant complètement et excellemment acquitté de la tâche qu'il avait bien voulu accepter, me serre la main, saute dans un petit canot et prend le chemin de Pasqueirinho.

Au revoir, Mauricio! bon vieil ami, loyale figure de vieux vaillant du désert!

D'ailleurs, dès qu'on a passé les dernières bourgades pour entrer dans le véritable « intérieur », les gens que l'on rencontre sont bien au nombre des plus sympathiques qui soient au monde.

Et Saturnino est loin de faire exception. Il est un peu souffrant, il a de la fièvre, le foie va mal. Vous pensez qu'il va se servir de ce prétexte — qui serait d'ailleurs une raison plausible — pour se dérober, ou tout au moins se faire attendre; il arrange sa boîte de médicaments et me dit simplement : « Partons! »

Saturnino est jeune, il a tout au plus dépassé la trentaine, mais voici déjà plusieurs années qu'il habite le São Manoel, qu'il connaît bien. Des renseignements qu'il me donne et qui se trouvent être en complet accord avec les indications de mon levé, il ressort que le São Manoel est beaucoup moins écarté du Alto Tapajoz que ne le portent ordinairement les cartes. Un Indien de Saturnino a traversé d'ici au Alto Tapajoz en deux jours. De l'autre côté, le Cururú est à peu près à la même distance : des malocas mundurucús du São Manoel, on se rend en un jour et demi à la maloca de Puxú au Cururú.

En face de chez Saturnino, le São Manoel présente un de ses beaux paysages : le Morro du Carossal et la Serra das Cobras alignent leurs sommets sur la rive occidentale. Dans la rivière élargie, la grande ilha *Tudo tem tempo* s'allonge au bas des montagnes. Cette île, qui a pris son nom d'un proverbe normand, fut, paraît-il, voici quelques années, l'objet de disputes de la part de je ne sais plus quels « Maîtres Chicaneau » du Tapajoz. L'un d'eux termina une de ses épîtres par le susdit proverbe envoyé de main sûre en manière de flèche du Parthe. Et, intelligente ou bête, l'appellation subsista. En y réfléchissant bien, peut-être y a-t-il là une idée à creuser. Je mets au concours un projet d'appellations en proverbes pour quelques-uns de nos principaux édifices nationaux : le Palais Bourbon, la Morgue, Mazas, etc.

C'est à la fin de toute une journée de canotage depuis Saturnino, la rivière ne variant pas de son uniforme direction nord-sud, que nous arrivons chez M. Laurindo José Francisco da Silva, honorable Pernambucano « subdelegado » pour le Pará dans le bas São Manoel.

Peu en amont ce sont deux grandes plages, la « Praia Comprida » et la « Praia Vermelha » se prolongeant aux basses eaux pendant plus de 10 kilomètres, unissant entre elles quatre îles aux maigres végétations.

Et enfin voici les malocas mundurucús ! La première est celle d'un honnête et laborieux Paraense, des plus civilisés d'ailleurs, Moreira père (José Francisco Moreira), à qui sa connaissance de l'idiome mundurucú et son influence sur les petites malocas de cette nation, qui se succèdent en amont de chez lui, ont valu parfois l'épithète de « tuxáua » de la part de quelques voisins civilisés qui enviaient ses modestes succès de linguiste américaniste et d'aviador de Cáras-Pretas. L'excellent Moreira me remet d'ailleurs quelques haches et quelques flèches très « bravas » qui enrichiront, pour modeste que soit l'obole, la section Parintintins du Musée de Pará.

Au-dessus de Moreira, laissant à droite la petite île Nova Olinda où l'ingénieur suisse Toepper prétendit un jour avoir découvert du kaolin, on prend l'Ilha do Pereira, une des grandes îles du São Manoel, ne mesurant pas moins de 10 kilomètres de longueur, et où Moreira commence à établir des prairies artificielles pour l'élevage du bétail, pendant que Saturnino, de son côté, fait la même chose en face de l'Ilha « Tudo tem tempo », rive est.

C'est en face de l'extrémité sud-ouest de l'Ilha do Pereira que débouche l'Igarapé de Salsal. Cet igarapé viendrait de la Cordilheira do Salsal qui longe le Alto Tapajoz à une petite distance en aval de Salto Augusto.

Un peu plus haut, c'est en face de l'abatis mundurucú qui a été fait rive droite par derrière l'île du Maruim que les Mundurucús du Cururú traversent pour gagner le Alto Tapajoz, qu'ils rencontrent au bout de deux à trois jours de marche, soit 25 à 40 kilomètres. Ce sont des Mundurucús de Puxú qui sont à la roça du Maruim. Jusqu'à cette hauteur, le Cururú coule presque parallèlement au São Manoel, dont il ne s'écarte pas de plus de deux jours en moyenne.

Immédiatement en amont du Maruim, entre des montagnes se succédant à peu près sans interruption sur les deux rives, les Morros do Carossal, les îles du même nom, au nombre de six principales, occupent la plus grande partie du lit de la rivière.

La rivière se poursuit un instant libre d'îles, puis on arrive à l'Ilha do Castel qui doit son nom à un rocher qui ressemble si l'on veut à un « castel » ou à un bastion ou à un avant de navire, et qui est rive droite en face de l'île à laquelle il a donné son nom.

Un peu en aval de l'enseada de São José, on voit encore aujourd'hui les vestiges d'une importante habitation qu'eut là, voici quelques années, un Paraense appelé Joaquim Demetrio Barboza. C'est de la capoeira de Joaquim Demetrio Barboza que partiraient les Mundurucús pour aller chercher de la salsepareille à l'Igarapé du Salsal et au São Thomé. Ils disent que c'est plus près que de la cachoeira das Sete Quédas à Salto Augusto.

Un peu en amont, rive droite, c'est la capoeira du colonel Bernardino de Oliveira et immédiatement au-dessus les « Campinas » et les cachoeiras.

En aval, à peu près à la hauteur de la pointe d'amont de l'Ilha do Castello, le São Manoel reçoit, rive droite, un de ses plus grands affluents, de son cours inférieur, l'Igarapé Grande do Piao, qui est presque de l'importance du Cururú. On a remonté cet Igarapé Grande do Piao pendant deux jours de montaria sans pourtant rencontrer d'indices des campos geraes du Cururú, ce qui prouve que ces campos ne s'étendent pas dans le sud au delà de la cachoeira du Cururú, et ce qui fait voir, aussi, que les *Campinas* du São Manoel sont séparées du campos geraes du nord par des étendues boisées plus ou moins vastes, présentant toutefois, par endroits, des étranglements presque complets, puisque ces espaces boisés laisseraient passer le feu des campos du Cururú qui viendrait sortir parfois sur la rive droite du São Manoel, en face l'Ilha do Toró, à la cachoeira de São José.

C'est de la capoeira de Bernardino de Oliveira que l'on aperçoit, pour la première fois, en montant, les *Campinas* ou *Campinhos* du São Manoel. Ces campinas ou campinhos ne sont nullement des plaines ou des petits campos, ainsi que ces désignations erronées le pourraient faire croire. Sur la rive du São Manoel, et également à une certaine distance dans l'intérieur, ce ne sont que des *catingas*, sortes de garennes claires, de taillis rabougris, de végéta-tions arborescentes, mais rachitiques, que seul peut sustenter un sol maigre et pierreux. Au delà des catingas, on trouve le plus souvent des campos, sans que ce soit cependant une règle absolument générale, mais les catingas ne sont ni les campinhos (petits campos), ni des campinas (plaines), ils ne sont que la préface, l'ouverture, ou, si l'on aime mieux, la transition du véritable camp avec la forêt.

Parmi les habitants du São Manoel, d'aucuns acceptent cette appellation de *catingas*, quand on leur fait remarquer que le mot de *campinhos*, aussi employé dans la contrée, est inexact, et bien plus inexact encore celui de *campina* — campagne, plaine — expressions indifféremment usitées ici pour désigner les endroits pierreux, aux maigres arbustes, que l'on trouve çà et là sur les bords du São Manoel dans la région des cachoeiras d'aval, sur des collines et des plateaux.

Ce qui ajoute encore à la confusion des langues, c'est que, dans ces dernières années, des gens bien intentionnés sans doute mais mal inspirés ont voulu, sous prétexte qu'il existait déjà un SALTO *das Sete Quédas*, changer le nom de la CACHOEIRA *das Sete Quédas* qu'ils ont, sans hésiter, transformée en *salto* et qu'ils ont appelée « Salto das Campinas » bien que la Cachoeira das Sete Quédas soit une cachoeira et non un salto, et que ce ne soit nullement des « Campinas » qu'on trouve sur ses rives, mais des « collines » couvertes de « catingas ».

CACHOEIRAS DU BAS SÃO MANOEL. — Ces cachoeiras sont au nombre de huit, qui sont, d'aval en amont :

    I. — São José,

    II. — Acari,

    III. — Fréchal,

    IV. — Vira Volta,

    V. — Trovão,

    VI. — São Feliciano,

    VII. — Jahú,

    VIII. — Sete Quédas.

La CACHOEIRA DE SÃO JOSÉ, qui comprend les *travessões du Canal Torto* et *du Apuhy*, présente de forts courants se précipitant en tous sens entre les îles et les îlots qui occupent en cet endroit le lit élargi de la rivière.

Les « campinas » — pour employer le mot usuel bien qu'inexact — se trouvent sur les deux rives, la rive gauche qui est montagneuse, la rive droite finissant en plateau en face de l'Ilha do Toró.

Immédiatement en amont, se trouve une grande île qui n'a pas moins de 9 kilomètres de longueur, l'Ile do Marengo. Au canal de l'est, on ne rencontre qu'une seule cachoeira, la CACHOEIRA DA CATINGOSA, mais au canal de l'ouest on en trouve trois : Acari, Fréchal et Vira Volta.

La CACHOEIRA DO ACARI, à la pointe nord-ouest de l'Ile do Marengo, ne présente que de forts courants. C'est dans l'île, en face de la cachoeira, qu'habite mon premier patron, M. Antonico Bentes.

Un peu en amont de la cachoeira do Acari se trouve, dans l'Ile do Marengo, la case d'un habitant connu ici sous le nom de José Cuyabá. Il y a fête chez ledit Cuyabá : bannières, fusées, tambour, danses et cachaça. Ces réjouissances populaires m'ont toujours laissé de la migraine comme meilleur souvenir. Je salue M. Cuyabá et m'exile à un petit îlot en amont d'où les chants, les danses, le tambour et les fusées me seront un peu moins assourdissants. Saturnino, qui est obligé de rester ici jusqu'à demain pour traiter d'affaires, me regarde, d'un œil d'envie, m'éloigner vers mon îlot.

8 décembre. — Notre îlot n'est plus un îlot : c'est un petit parc. Il a été nettoyé, raclé, nous avons même brûlé les feuilles mortes et les branches sèches : plaisirs de trappeur ignorés des citadins. Le canot est amarré au port sous un dôme de feuillage très architectural.

Confortablement installé, bien chez moi, fort peu distrait par les détonations des fusées et les rumeurs de la fête de chez Cuyabá, je mets mes écritures à jour.

Je fais de la statistique. Dans le São Manoel jusqu'à Cuyabá et y compris, 37 habitants dont 24 Paraenses, 6 Cuyabanos, 5 Cearenses, 1 Maranhense et 1 Rio Grandense do Sul.

Les 6 Cuyabanos sont : João da Silva Tavares, Manoel Pedro, Gabriel d'Almeida, Gonçalo Norato, Marciano et Cuyabá.

Les 5 Cearenses sont : Francisco José das Chagas, João Bernardo, Josué Gonçalo Theodoreto, Manoel Francisco Xavier, Manoel Francisco Barata.

Le Maranhense est Paulino José dos Santos, et le Rio Grandense do Sul, José Fernando da Silva Barulho. Les 24 autres habitants sont Paraenses.

Et tout le jour ce sont des écritures et, sauf deux averses, le soleil nous est fidèle aujourd'hui.

Journée finie et bien remplie ; la nuit est venue, et avec elle le sommeil.

Minuit. « Le canot coule ! » C'est Caetano, le Maues que m'a prêté Candozo, et c'est Vicente qui me réveillent en me répétant ce cri.

C'est bien simple. L'embarcation faisait de l'eau, — elles en font toutes, — mais elle en faisait passablement. Il fallait la jeter plusieurs fois par jour.

Caetano s'est endormi comme une couture en même temps partait, et Caetano s'est réveillé avec de l'eau à la hauteur du nez.

Caetano et Vicente sont là, faisant des clapotements dans quelque chose de noir qui est le canot et qui est la nuit. On coule. Des choses sont brusquement jetées à terre, c'est un théodolite dans sa boîte, un compteur attrapé au vol, un baromètre qui se noie…. Et le canot descend tant qu'il y a du fond. Bon ! on ne voit plus que sa petite toiture de feuilles. Que m'importe ! *mes papiers* sont à terre !…

Le Maues Caetano.

Lundi 9. — Minuit quarante-cinq. Voici déjà plus d'une demi-heure que j'ai naufragé encore une fois. Cela ne compte plus. On s'y habitue. D'ailleurs je n'ai pas connu que les trahisons de la nature. Il est des scélératesses bien pires.

Mardi 10. — Nous repartons. Saturnino a envoyé, « pour voir si nous avions besoin de quelque chose », ses hommes qui retirent le canot de l'eau. L'avant de notre embarcation présentait, dans une planche à peu près complètement pourrie, un trou pour le calfatage duquel je donne une de mes chemises de flanelle. La chemise, poussée doucement au couteau, agrandit le trou de telle sorte qu'on y pourrait passer la tête.

14

On étanche et on calfate; Saturnino arrive et on poursuit.

C'est d'abord la CACHOEIRA DO FRÉCHAL qui, pour être longue, ne présente pourtant pas de dangers sérieux, les « travessões » qui la composent n'étant que de simples courants.

La CACHOEIRA DE VIRA VOLTA n'est qu'un fort rapide.

Immédiatement au-dessus de la cachoeira de Vira Volta commence une autre de ces grandes îles que l'on est toujours étonné de rencontrer aussi longues, aussi vastes dans cet étrange São Manoel : l'île « da Curupira ».

Après l'île « da Curupira », s'en trouve une autre un peu moins longue, mais encore passablement importante, l'île de la Vidraça, par le travers de laquelle on a à lutter contre les forts courants de la CACHOEIRA DO TROVÃO.

Encore une grande île, l'Ilha do Vicente, où mon patron, Vicente Teixeira Castro, eut, voici quelques années, une maison assez considérable, aujourd'hui en ruines, et que le voisinage plus ou moins indien achève de faire disparaître, en vertu du principe : « Qui abandonne perd ses droits. » L'île n'ayant point de nom, son premier habitant ayant été Vicente, et personne n'étant venu s'y établir depuis, l'île est, et sera pour moi, à l'avenir, « Ilha do Vicente ».

Encore la CACHOEIRA DE SÃO FELICIANO des deux côtés de l'île du même nom et immédiatement en aval de l'Ilha da Cabeça Vermelha; et, ces derniers rapides passés, on arrive à la CACHOEIRA DU JAHU, également peu redoutable, et enfin à la cachoeira das Sete Quédas.

La CACHOEIRA DAS SETE QUÉDAS est un important accident géographique, tant à cause de son dénivellement total, qui doit atteindre près de 10 mètres aux eaux moyennes, qu'en raison de la multiplicité des chutes latérales réparties en cinq groupes par des îlots, dans l'un desquels on trouve même une petite chaîne montagneuse.

Chose curieuse, trois au moins sur cinq de ces canaux parallèles, coulant entre les îles, sont coupés chacun de sept chutes offrant, bien entendu, un identique dénivellement total, mais présentant une puissance et un péril d'autant plus redoutables qu'on laisse les canaux de l'est pour prendre les canaux de l'ouest. Le grand canal, qui est celui qui longe la rive occidentale, est périlleux précisément en raison de la masse et de la force de ses eaux tumultueuses se précipitant dans la rivière élargie, sans rien qui les arrête, îlot, rocher ou végétations de saïvolo.

C'est à cette cachoeira das Sete Quedas que la Commission envoyée par Dom Pedro et qui arriva, me dit-on, dans le bas São Manoel peu après la proclamation de la République, chavira. Le Pauliste Boaventura, qui est chez Mauricio, et un jeune homme appelé João Mendes Martins, qui est maintenant chez Tartaruga, échappèrent seuls. Jeté dans les énormes bouillons du grand canal de Sete Quédas, le canot coula. Se sauvèrent à la nage ceux qui purent. Trois ou quatre, dont João Mendes Martins et le Pauliste. Ils purent gagner l'Ilha da Montanha. De là ils arrivèrent, à la nage, dans les cachoeiras, nus, à une rive de forêt d'aspect fort propre. Ils suivirent la rive et vécurent ainsi dans la forêt quelques jours. Combien de jours? ils avaient la fièvre qui a troublé leurs souvenirs. Ils rencontrèrent enfin une cabane de seringueiro. Elle était abandonnée. Ils arrachèrent la serpillière de la porte et se la partagèrent pour s'en faire chacun « un vêtement ». Ils arrivèrent ainsi chez un autre seringueiro, d'où ils purent poursuivre, un peu mieux vêtus, vers l'aval du rio où ils sont restés.

Nous passons la cachoeira das Sete Quédas par le bras connu sous le nom de Paraná do Jahú, qui est réputé être le plus facile des cinq. Passagers et bagages passent par terre, d'îlot en îlot; le canot, à vide, grimpe les sept dénivellements, tantôt tiré à la corde, tantôt poussé à force de bras.

A l'entrée de la cachoeira das Sete Quédas, le São Manoel, élargi, apparaît paisible et sans courant. Un peu en amont, rive gauche, c'est un cacaoal, sylvestre paraît-il, d'environ 6oo pieds; puis, presque en face, toutefois un peu en amont, la maloca mundurucú de Nicolão. Et la rivière tourne à gauche venant du levant, et c'est presque l'inconnu. Les Mundurucús, toutefois, pratiquent les forêts désertes de l'intérieur. Ils mettent, disent-ils, de trois à quatre jours pour se rendre de la cachoeira das Sete Quédas à Salto Augusto.

DE LA CACHOEIRA DAS SETE QUÉDAS AU SALTO DAS SETE QUÉDAS. — D'après les deux survivants de l'expédition envoyée, en 1889, par l'Empire, de Matto Grosso à Pará par le São Manoel, — João Mendes Martins et le Paulista Boaventura, — voici quelles particularités présenterait le São Manoel dans la section très peu connue qui s'étend de la Cachoeira das Sete Quédas au Salto das Sete Quédas.

Sept jours en amont de la Cachoeira das Sete Quédas, c'est l'endroit connu sous le nom de Fechos, où la rivière se rétrécit beaucoup. De la cachoeira das Sete Quédas à Féchos, ce sont sept jours de correntezas quotidiennes presque ininterrompues, mais toutefois pas plus redoutables que Capoeiras ou Chacorão.

Immédiatement au-dessus de Fechos, la rivière forme une enseada assez grande au-dessus de laquelle on prend de grands cachoeiras qui se succèdent sans interruption. Dans cette partie de son cours, le São Manoel présente des berges escarpées ; des rochers, des bancs de pierre, des îles encombrent son lit qui ne présente plus que des canaux étroits entre les « pedrarias » et les rochers. On met *trois jours* à traverser ce désert de pierres au-dessus duquel on arrive à Salto Tavares.

Le Salto Tavares est infranchissable aux embarcations. Qui veut passer d'aval en amont ou d'amont en aval doit abandonner son canot et en faire un autre au portage de cime ou de bas. Ce portage, à travers des amoncellements de rochers, est des plus fatigants et des plus périlleux. Si l'on veut s'assurer un bon chemin il faut faire un très grand détour par delà tous les rochers de la région. Salto Tavares serait, paraît-il, de la force de Salto Augusto.

Cinq jours en amont de Salto Tavares, la rivière étant redevenue beaucoup plus facile qu'entre Salto Tavares et Fechos, c'est le Salto das Sete Quédas.

Le Salto das Sete Quédas est salto, comme Salto Augusto ou Salto Tavares et non cachoeira comme la cachoeira das Sete Quédas. Il est, paraît-il, d'une hauteur double de Salto Augusto ou de Salto Tavares; il aurait donc, par conséquent, environ 20 mètres!... Toutefois, les sept « Quédas » sont sur le même plan et non pas en retrait. Il n'y a en réalité qu'une seule chute, mais divisée en sept sections par des rochers qui s'érigent dans la chute en colonnes ou en murailles. Ce sont sept bouches placées les unes à côté des autres sur la même ligne d'horizon.

Le Salto das Sete Quedas est absolument infranchissable, il n'y a embarcation grande ni petite qui puisse être hissée d'aval en amont ou descendue

d'amont en aval. Comme pour Salto Tavares, il faudrait traîner le canot par
delà de vastes espaces de pierres et de rochers. Il est plus simple, plus court
et plus sûr d'abandonner son embarcation et d'en construire une autre à
l'autre bief.

En amont du Salto das Sete Quédas il faut remonter le São Monoel encore
quelques jours pour arriver au confluent du São Manoel d'amont, Alto
São Manoel si l'on veut, — et du Paranatinga, le formateur le plus important
bien qu'il ne donne pas son nom à la rivière.

C'est au Salto das Sete Quédas que mourut le chef de la Commission de
Matto Grosso, que le capitaine Fogo fut, il y a sept ans, envoyé secourir. Le
capitaine Fogo rencontra, dans les environs du Salto Tavares, les survivants
de l'expédition, et sa mission étant de ce fait accomplie, s'en retourna sans
pousser plus loin.

Entre le Salto das Sete Quédas et la Cachoeira das Sete Quédas s'étend
un désert vide même d'Indiens bravos. Les premières habitations de Matto
Grosso commencent en amont du Salto das Sete Quédas, et, du côté de Pará,
les premiers habitants civilisés se rencontrent un peu en aval de la Cachoeira
de Sete Quédas. Cette région qu'on pourrait appeler la région de Fechos et
du Salto Tavares, cette région est, en réalité aujourd'hui, tout au moins à
n'envisager que le fait en lui-même, cette région est *res nullius* entre Pará
et Matto Grosso.

CHAPITRE VII

Les Mundurucús. — Travaux du savant Barbosa Rodrigues et de Gonçalves Tocantins. — Cosmogonie. — La légende du chien. — Antique réputation des Mundurucús. — Statistique des Mundurucús. — La maloca mundurucú ; l'ancien Décodème. — Sentiments de sociabilité. — La famille. — Tatouages et parure. — Le mariage, les funérailles, l'autre monde. — Mode de vie. — Guerres. — Le *pariná* ou la tête boucanée. — La fête du pariná-te-ran.

Avant de retourner des déserts des Sete Quédas à Pará, puisque nous voici arrivé à la dernière, vers le sud, des malocas mundurucús, celle de Nicolao, un peu en amont de la Cachoeira das Sete Quédas, — nous allons établir, une fois pour toutes, et le plus complètement qu'il nous sera possible, le bilan général de la nation mundurucú : traditions, histoire, mœurs, état actuel. Les questions diplomatiques, de géographie pure ou de géographie naturelle, pour être d'un grand intérêt, ne doivent cependant pas nous empêcher de donner, avec tout le développement qu'elle mérite, la biographie d'une grande nation indienne qui meurt.

Qu'il me soit permis d'inscrire, tout en tête de ce chapitre, le nom de deux hommes, dont l'un est un des princes de la science brésilienne, Barbosa Rodrigues, et l'autre est un modeste et digne savant de mes amis, l'excellent Gonçalves Tocantins. L'un et l'autre ont publié de bons travaux sur les Mundurucús. Je n'ai pas la prétention d' « inventer » cette tribu, aussi ne puis-je présenter mon Étude sur les mundurucús que comme une sorte de refonte des travaux de mes prédécesseurs, refonte quelque peu complétée, et éclairée d'aperçus nouveaux qui viendront enrichir l'œuvre commune.

Cosmogonie. — Un jour, dit la légende Mundurucú, les hommes apparurent sur la terre. Or, les premiers hommes que les bêtes des bois virent parmi les forêts et les savanes furent ceux qui fondèrent la maloca de Acupary.

Un jour, parmi les hommes de la maloca de Acupary, surgit Carú-Sacaébé, le Grand Être. Il n'y avait alors que du petit gibier sur la terre, mais bientôt le gros gibier pullula. Ce fut l'œuvre de Carú-Sacaébé, qui ne négligea pas non plus d'enseigner tous les procédés de chasse aux hommes de Acupary.

Carú-Sacaébé n'avait ni père ni mère, mais il avait un fils, Carú-Tarú, et un domestique : Rayrú.

Une fois, Carú le père, étant revenu bredouille de la chasse, dit à Carú le fils : « Fais donc un petit tour chez les voisins, il paraît qu'ils ont abattu du gibier à ne savoir qu'en faire. »

Mais le petit Carú eut beau faire feu de toute son éloquence, les gens d'Acupary, qui étaient des Mundurucús déjà très durs, le renvoyèrent au père Carú avec seulement la peau et la plume du gibier qu'ils avaient tué.

Et pourtant tout ce qu'en faisait le père Carú n'était que pour expérimenter le cœur du peuple. De par sa prescience, il savait cependant à quoi s'en tenir, mais cela ne l'empêcha pas d'entrer dans une colère noire.

Pourtant il rusa encore pour voir s'il ne s'était pas trompé. Il envoya une seconde fois le petit Carú qui le prit de haut et menaça. Ces pharisiens de Mundurucús lui rirent au nez. Pour la troisième fois, le petit Carú repartit en ambassade et, cette fois, il supplia. Mais il est plus facile d'attendrir Shylock qu'un Mundurucú, le pauvre petit bonhomme Carú fut ignominieusement reconduit par ces préhistoriques mais déjà féroces « Cara-Preta ».

Le père Carú, s'apercevant que sa prescience divine ne l'avait point trompé, entra dans une fureur indescriptible.

Il planta autour de la maloca d'Acupary, patiemment, et une à une, toutes les plumes que ces mauvais fidèles lui avaient envoyées pour se moquer de lui, puis il dit comme cela, tout d'un coup, mais fort simplement : « Nous allons voir ! »

Et d'un geste sec, avec trois paroles enchantées, le père Carú transforma en porcos bravos tous les habitants d'Acupary, non seulement les hommes, qui s'étaient montrés cruels, mais encore les femmes et les enfants.

Puis, regardant du côté des plumes qu'il avait plantées autour du village, il éleva la main d'un horizon à l'autre. A l'appel de Carú, il vint des montagnes, et l'emplacement de l'ancienne maloca devint une vaste caverne. Encore aujourd'hui, disent pieusement les Mundurucús, on entend parfois, dès l'entrée de la redoutable caverne, où personne ne se risque, des gémissements humains qui se mêlent à des grognements de porcs.

Le petit Carú, Carú-Tarú, disparut sans doute dans la tourmente, car, à partir de ce moment, il n'est plus question de lui dans l'histoire.

Carú-Sacaébé s'en revint, flanqué du fidèle Rayrú. Il chemina par la prairie. Bientôt, fatigué de tous ces voyages, il s'arrêta, à un ou deux jours de marche de Acupary. Il frappa du pied la terre, comme Pompée. Une large fente s'ouvrit. Le vieux Carú en tira un couple de toutes les races : un de Mundurucús, un d'Indiens (car les Mundurucús ne sont pas de la même race que les Indiens, ils sont d'une essence supérieure), un couple de blancs et un couple de nègres.

Le lieu où Carú créa l'humanité pour la seconde fois, portait un nom prédestiné, Décodème[1] : *déos*, le singe appelé couata ; *dème*, beaucoup, abondance.

Les Indiens, les blancs et les nègres se dispersèrent « aux quatre vents du ciel », comme dit notre Bible, à nous ; ils s'en allèrent couple par couple dans les solitudes où leur était dévolue la tâche mystérieuse de peupler.

La quatrième race humaine — le primitif couple mundurucú — resta à Décodème. Les Mundurucús de Décodème ne tardèrent pas à devenir tellement nombreux que dès qu'ils se mettaient en route pour se rendre à la guerre, la terre, secouée jusque dans ses entrailles, tremblait.

Cependant le vieux Carú-Sacaébé n'avait pas négligé l'éducation de sa race de prédilection. Il avait appris aux Mundurucús à peu près toutes les choses qui sont nécessaires pour faire un homme complet et parfait : planter le manioc, cultiver le maïs, les patates, le coton et plusieurs autres plantes encore. Il montra comment on prépare la farine de manioc. Et, bien que l'histoire ne le dise pas, il enseigna sans doute lui-même au Peuple-Élu com-

1. Décodème est le village que le docteur G. Tocantins a orthographié par erreur Necodemos, du nom du personnage de l'Histoire sainte.

ment on prépare une tête boucanée, art guerrier qui est la principale gloire des Mundurucús.

Puis, comme Carú-Tarú s'était perdu pendant l'emménagement de cette nouvelle humanité, le père Carú se fabriqua un nouveau fils. Oh! d'une façon fort simple : il prit son couteau, sculpta un morceau de bois en forme humaine, et souffla dessus. Cela grandit, grossit, et quand ce fut de taille d'homme, Carú s'arrêta de souffler : Carú-Tarú était remplacé. Carú père appela ce second fils Hanhu-Acanâte. Et comme le vieux Carú, dans sa sagacité, ne tarda pas à s'apercevoir que le pauvre petit avait besoin d'une mère, il lui en choisit une dans la tribu, une nommée Chicridhá, avec laquelle le père Carú vécut librement par la suite, tout comme si elle avait été la vraie mère du petit Hanhu-Acanâte que le père Carú avait bien su se faire tout seul.

C'est alors que, dans un moment d'infinie bonté, le grand Carú-Sacaébé enseigna à son peuple mundurucú les tatouages dont encore aujourd'hui la tribu est ornée, — et qui ne sont autres que ceux de Carú-Sacaébé lui-même!...

Hanhu-Acanâte grandit. Il devenait séduisant. La Chicridhá veillait de près sur l'innocence, très précieuse, paraît-il, de l'adolescent. Mais les femmes mundurucús ne connaissent pas d'obstacles. Et le jeune Hanhú, moins heureux que le célèbre Joseph, laissa autre chose que son manteau aux mains de quelque Madame Putiphar décodémoise. Cette fois-ci le grand Carú-Sacaébé perdit patience, il métamorphosa Hanhú-Acanâte en tapir, et les femmes coupables en poissons; Rayrú fut enlevé par les nues et ne reparut jamais plus; et, quant à Lui, Carú, il griffonna d'abord les étranges caractères symboliques que l'on peut voir encore sur les morros d'Arencré; puis ceux des rochers de Cantagallo, à une hauteur où la main de l'homme ne peut atteindre; et ayant ainsi laissé sur les rochers de la terre mundurucú sa mystérieuse signature, le Dieu disparut soudain, et les Mundurucús ne l'ont jamais plus revu. Toutefois, le Dieu créateur et protecteur, bien qu'en apparence brouillé avec son peuple, n'en demeure pas moins toujours le Génie tutélaire de nos braves « Caras-Pretas ».

Carú-Sacaébé est le dieu mythique ou fabuleux des Mundurucús.

La légende du chien. — Immédiatement après ce personnage, immédiatement après, dans la hiérarchie mundurucú des choses mystérieuses, vient, théoriquement, le chien.

Voici la légende dans sa saveur native : Carú-Sacaébé étant parti pour sa céleste patrie, les Mundurucús rayonnèrent autour de l'heureux Décodème. Les forêts et les campos n'eurent plus de secrets pour eux. Et, comme tous les primitifs, ils devinrent, tout naturellement, de « grands chasseurs devant l'Éternel ».

Un jour que tous ces vaillants chasseurs étaient à une grande battue, les femmes seules et les enfants étant restés au domicile, un inconnu se présenta. On sut depuis qu'il s'appelait Carú-Pitubê.

Carú-Pitubê se dirigea d'abord vers l'ekçá, la maloca des guerriers, et, commodément installé dans son hamac, il se mit à tirer de sa grosse flûte des airs vraiment extraordinaires. Une jeune fille de la maloca, sans doute attendrie ou enthousiasmée par les accents de la flûte quasi magique, accourut. Elle s'appelait Iracheru. Elle offrit d'abord à l'étranger la bouillie nationale, le *dahú*.

Carú-Pitubê savourait le dahú en regardant souvent la jeune fille. Le soleil tomba. La maloca était silencieuse. Carú-Pitubê faisait durer plus longtemps un dernier dahú, car la belle jeune fille se tenait toujours debout devant lui, avec un air soumis.

La nuit était venue. Décodème était désert : les femmes et les enfants avaient pris le chemin des abatis voisins. Ils étaient seuls.

Le lendemain matin il lui dit : « Il naîtra de toi l'étonnement des guerriers de ta tribu. Ne tue pas ce qui naîtra de toi. »

Et, cela dit, Carú-Pitubê disparut.

Quelques mois plus tard, l'étonnement, l'indignation et la terreur se partageaient Décodème : Iracheru venait de donner le jour à un couple de chiens !

Les frères de Iracheru et sa propre mère furent les premiers à prononcer contre la malheureuse une sentence de mort.

Mais Iracheru, comme les bourreaux s'approchaient pour la tuer, elle et ses tendres fils, s'enfuit, rapide comme l'autruche, du côté de la forêt où elle disparut, serrant dans ses bras tremblants les fruits de ses mystérieuses amours.

Elle erra longtemps par les forêts ; enfin, exténuée de fatigue, elle s'assit sur le bord d'un limpide ruisseau.

Cependant, en peu de temps, la jeune mère vit grandir et devenir forts ses fils que son sein tari avait tant de peine à allaiter et qu'elle réchauffait la nuit sur sa poitrine brûlante de fièvre.

Bientôt, les jeunes chiens coururent les bois et les savanes rapportant de leurs chasses d'innombrables perdrix, et bientôt Iracheru vécut dans l'abondance.

La nuit, ses fils étaient pour elle de formidables gardiens qui veillaient sans cesse sur ses jours. Les tigres eux-mêmes s'éloignaient effrayés.

Un jour, Iracheru revint à Décodème et raconta ces merveilles.

Elle savait bien que si les guerriers de Décodème ne révoquaient pas la sentence de mort portée contre elle, elle seule mourrait, car ses fils n'auraient pas de peine à échapper à la poursuite des bourreaux.

Elle savait aussi que si la sentence était révoquée, la tribu mundurucú serait la reine des forêts et des prairies, victorieuse de toutes les autres tribus, dominatrice sans rivale.

Mais les fils de Iracheru furent reçus aux acclamations unanimes de la tribu, qui les reconnut comme ses propres enfants.

Les Mundurucús, en effet, traitant le chien véritablement comme un fils, les femmes n'hésitent pas, au besoin, à les allaiter et à les coucher dans le hamac où repose le nouveau-né, comme si le petit chien et le petit Mundurucú étaient véritablement frères.

Cette fraternité, le chien en bénéficie sa vie durant et même à sa mort ; le chien crevé est enterré avec piété et à peu près aussi cérémonieusement que s'il s'agissait d'un enfant ou d'une femme.

Antique réputation des Mundurucús. — L'histoire des Mundurucús sort à peine de la légende. Il ne faut pas oublier que ce fut seulement en 1748 que le Tapajoz fut reconnu en entier par João de Sousa de Azevedo, qui se rendit de Matto Grosso à Pará en descendant son cours.

En 1817, Ayres de Cazal, dans sa *Chorographie brésilienne,* donne le nom de Mundurucania à la région comprise entre le Tapajoz, la Madeira, l'Amazone et le Juruena, en raison de la prépondérance numérique ou guerrière

des Mundurucús dans cette région. Les Mundurucús dont l'habitat est aujour-
d'hui entre Tapajoz et Xingú viendraient donc de l'est, ce qui a pu faire
croire à quelques ethnographes qu'il fallait placer le berceau de cette nation
parmi les populations andines.

« Les Mundurucús, dit encore Ayres de Cazal, sont accoutumés à se teindre
le corps en noir avec le génipa. Ils sont nombreux, de haute taille, guerriers
et redoutés de toutes les autres nations qui les appellent *Pay-quicé*, ce qui
signifie *coupeurs de têtes*, parce qu'ils ont pour habitude de couper la tête
de tout ennemi qui tombe en leur pouvoir. Ils savent embaumer ces têtes, de
sorte qu'ils les conservent plusieurs années avec le même aspect qu'elles
avaient au moment où elles furent coupées.

« Ils ornent de ces horribles trophées leurs grossières et misérables cabanes.
Celui qui peut en montrer dix est apte à être élu chef de la horde.

« Les Mundurucús connaissent les propriétés de différentes plantes avec
lesquelles ils guérissent leurs maladies même les plus graves.

« Presque toutes les hordes mundurucús sont aujourd'hui nos alliées, et
quelques-unes sont chrétiennes.

« L'inhumanité de ceux des Mundurucús qui sont encore errants par les
forêts, tuant sans pitié, sans avoir égard à l'âge ni au sexe, a obligé beaucoup
d'Indiens des tribus voisines à se réfugier dans les villages des chrétiens où ils
vivent en paix à l'abri des attaques de ces hordes de scélérats. »

Statistique des Mundurucús. — Gonçalves Tocantins s'entoure de précau-
tions oratoires au moment de présenter sa statistique des Mundurucús comme
s'il avait la conscience ou la prescience que les chiffres qu'il va donner sont
suspects d'une très forte exagération.

« Il est très difficile, dit-il, ou même impossible, de donner un recence-
ment exact de ces Indiens qui ont leurs malocas cachées au fond d'inacces-
sibles halliers.

« De plus, pendant l'été, un grand nombre de familles abandonnent les
malocas et vont construire de légères cabanes au fond des forêts, là où, ainsi
isolés, ils trouvent une chasse plus abondante.

« Il est certain, cependant, que cette tribu est une des plus puissantes et
des plus nombreuses de la vallée de l'Amazone. Alcide d'Orbigny se deman-

dait s'il ne devait pas la considérer plutôt comme une nation que comme une simple tribu. De longue date, elle forme une république fortement organisée. Les malocas centrales, situées bien en dehors de l'action possible de nos autorités, jouissent d'une liberté sans limite, comme si elles formaient un Etat indépendant.

« Dans l'impossibilité de procéder par moi-même à un recensement rigoureux, je dois m'en rapporter à l'opinion d'un habitant d'Itaituba, que je crois très compétent dans la matière. Je veux parler de M. le lieutenant Joaquim Caetano Corrêa, important commerçant qui, par nomination du conseiller Sebastião do Rego Barros, président du Pará, en septembre 1853, exerce depuis cette époque la charge de directeur des Indiens du Rio Tapajoz. »

Tout de suite après, Gonçalves Tocantins, en prévision d'erreur possible, dégage de la manière suivante sa responsabilité scientifique :

« Bien que ce personnage des plus qualifiés *ne soit jamais allé dans les aldêas centrales*, il entretient cependant d'étroites relations avec les Mundurucús des bords de la rivière.

« Voici cette statistique, telle qu'elle m'a été donnée par M. le lieutenant Joaquim Caetano Corrêa. »

Cette statistique, celle ci-dessous, diffère beaucoup de mes évaluations personnelles. Je doute fort que les Mundurucús aient jamais atteint le chiffre de 18 910.

Pourtant, le directeur des Indiens d'alors, M. le lieutenant Joaquim Caetano Corrêa, ne peut être suspecté dans sa bonne foi. Mais il n'a point remonté tout le Tapajoz et encore moins le Alto Tapajoz et le Sâo Manoel, les évaluations ne sont pas de lui, mais de gens quelconques peu qualifiés pour un travail qui demande autant de pratique et d'esprit critique qu'une évaluation statistique ; peut-être aussi les Mundurucús, dans ces vingt dernières années, ont-ils été, — par les maladies, les guerres, la fusion avec les blancs, — réduits en nombre dans une extraordinaire proportion. Toujours est-il que, pour une statistique approximative, portant sur une superficie beaucoup plus vaste que celle visée par M. le lieutenant Joaquim Caetano Corrêa, je n'arrive qu'à un total de 1 389 au lieu de 18 910. On peut voir, dans les tableaux statistiques qui terminent ce volume, le détail de mon évaluation.

STATISTIQUE DES MUNDURUCÚS

DONNÉE PAR LE Dr GONÇALVES TOCANTINS

D'APRÈS LE LIEUTENANT JOAQUIM CAETANO CORRÊA

NOMS DES MALOCAS	POPULATION
Danapone	1.500
Carucupy	2.300
Dairy	2.600
Capipique	2.000
Necodemos	2.100
Aiká (Samuumd)	1.500
Acupary	800
Arencré	700
Arebadury	400
Tein Curupy	500
Ipsaannty	600
Cererepça	500
Cabroá	500
Imburariry	350
Macapá	360
Ucubery	250
Cabetutum	350
Chacorão	700
Airy	300
Bacabal (Missão)	500
Boburé	100
TOTAL	18.910

Sitôt après cette énumération, l'excellent Dr Tocantins se sent à nouveau pris de scrupules :

« Peut-être, dit-il, ce calcul est-il tant soit peu exagéré, tout au moins la population de ces malocas a-t-elle souffert de sensibles modifications. L'aldèa de Chacorão, par exemple, est actuellement abandonnée, celle de Buburé est presque éteinte. S'il est certain que la population mundurucú purement sauvage n'atteint pas aujourd'hui le chiffre de 18 000 âmes, d'un autre côté je suis convaincu que les anciens villages de cette tribu, situés jadis sur les rives du Haut et du Bas Tapajoz, dépassaient déjà ce chiffre, sans parler des Mundurucús de l'intérieur. Mais les Mundurucús des bords du Tapajoz se sont peu à peu fondus dans la population civilisée et ne comprennent même plus, aujourd'hui, la langue de leurs aïeux. »

La maloca mundurucú; l'ancienne Décodème. — C'est dans l'intérieur et non sur les bords de la grande rivière que l'on trouve le type de la primitive maloca mundurucú.

Voici la description que fait le Dr Tocantins de l'ancienne maloca de Décodème qu'il visita en 1875.

« Décodème est située sur une colline, dans une grande prairie, non loin des bois.

« Au centre de la maloca se trouve l'*ekçá* ou quartier des guerriers.

« L'ekçá consiste en une grande maison d'environ 100 mètres de longueur, couverte de paille, et sur toute sa longueur ouverte au levant. Ainsi colloquée, la maison jouit d'une ventilation parfaite, ce qui la préserve des moustiques de toutes sortes qui, au milieu du bois et sur le bord des rivières, constituent pour les habitants de ces contrées le voisinage le plus énervant. Les rayons du soleil levant pénètrent librement dans l'ekçá et leur gaie lumière réchauffe en même temps l'air toujours imprégné des humides et froides vapeurs de la nuit.

« Dans l'ekçá habitent seulement les hommes valides, les guerriers et leurs enfants mâles ayant plus de huit ans. Chaque guerrier attache son hamac à la place qui lui convient aux poteaux de l'ekçà.

« Dans la cour, également au levant, sont trois lignes de pieux unis par des traverses et où les guerriers amarrent leurs hamacs pendant les belles nuits d'été.

« Piqué ou suspendu au toit de l'ekça, au-dessus de son hamac et à la portée de la main, le guerrier a tout ce qu'il possède : arcs, flèches, casse-tête et flûtes.

« Tous dorment dans des hamacs de coton qui sont si petits, qu'il est nécessaire de rester immobile pour ne pas tomber à terre. Ces hamacs, cela va de
soi, sont fabriqués par les femmes qui plantent elles-mêmes et filent le coton.

« Durant la nuit, des petits feux brûlent entre les hamacs des guerriers.

« Autour de l'ekçá sont les maisons des femmes, où habitent aussi les enfants
des deux sexes, les vieillards décrépits et les malades.

« A Décodème, ces cases sont au nombre de cinq, passablement grandes,
construites avec soin, plus hautes, fermées de tous les côtés, n'ayant pour
toute ouverture qu'une porte basse ou deux. Ces cases ne présentent aucune
division intérieure, tout est commun, mais chaque mère de famille avec ses
enfants, ses vieux décrépits et ses malades prend compte d'un coin de la case
et y amarre ses hamacs. Elle a près d'elle ses ustensiles, balais, paniers, etc.
Au centre de la maison, sont deux ou trois petits fours à fabriquer la farine de
manioc, — des petits fours qui sont tout simplement des pierres brutes, plus
ou moins planes, entassées les unes sur les autres, et au centre desquelles on a
ménagé un foyer.

« Les guerriers entrent quand bon leur semble dans les maisons des femmes,
mais les femmes ne pénètrent jamais dans l'ekçá. C'est dans les maisons des
femmes que sont gardés les objets les plus précieux tels que les ornements de
plumes, les colliers de dents humaines, les têtes ennemies boucanées, etc.

« Chaque fois que j'eus l'occasion d'entrer dans ces cases, je vis toujours
les femmes travaillant : les unes tissaient des hamacs, les autres fabriquaient
de la farine, d'autres boucanaient du gibier, d'autres cuisinaient, d'autres préparaient de la bouillie de bananes.

« Une Indienne, gaie et rieuse, le visage passé au roucou par-dessus ses peintures indélébiles, m'offrit un énorme ver répugnant qui se contractait et s'al-
longeait convulsivement sur son doigt, et la lutine voulait à toute force me le
mettre dans la main, disant qu'il fallait que je le mange : *Cobi-cobi,*
« Mange, mange! »

Sentiment de sociabilité. La famille. — Le docteur Tocantins, qui n'a
étudié qu'un petit nombre de tribus indiennes, se montre très frappé de l'esprit
de sociabilité ou même de nationalité qui unit si fortement entre eux les individus et les villages de cette tribu, et il admire comment a pu se conserver

dans ces déserts, loin du contact et de l'influence de la oivilisation, l'autonomie de la « République » Mundurucú. J'ai vécu, pour ma part, depuis 1881, chez une trentaine de tribus indiennes, des frontières de Matto Grosso aux campos du Rio Branco, du massif des Tumuc-Humac aux cachoeiras du Uaupes; partout, chez les Tupis comme chez les Caraïbes et chez les Aprouagues, chez les Indiens des prairies comme chez ceux des forêts, ou chez les Indiens naviga-teurs des grands cours d'eau, partout la tribu indienne est la même : c'est l'image réduite mais fidèle de la patrie civilisée. Du sauvage à nous il n'y a pas si loin qu'on pense.

« Les Mundurucús, continue le docteur Tocantins, sont agriculteurs et chasseurs. Leur mesquine agriculture ne saurait, toutefois, leur donner des ressources bien abondantes. Et la chasse, même sur ces plateaux de riche faune, ne saurait alimenter régulièrement un grand centre de population. Au fur et à mesure que la chasse devient plus rare, les chasseurs se voient dans la nécessité d'aller toujours plus loin à la poursuite du gibier.

« Le goût et la nécessité de la chasse, au lieu de réunir, d'agglomérer les hommes, tend, au contraire, à les isoler toujours davantage, puisque ce n'ést qu'à la condition d'être rares pour le gibier que le gibier les peut nourrir.

« C'est le motif qui pousse les familles mundurucús à se disperser pendant l'été. Pendant mon voyage je rencontrai quelques-unes de ces familles disper-sées dans les forêts du Caderiry ou sur les bords de cette rivière, vivant de chasse et se réfugiant la nuit dans de misérables baraques.

« Pourtant, malgré tout, la tribu se conserve encore fortement unie, bien que divisée en vingt aldéas[1].

« Il n'existe pas, assurément, un centre du gouvernement civil ou religieux auquel toutes ces aldéas prêteraient obéissance, mais les liens moraux qui unissent les aldéas entre elles et les individus entre eux sont si forts qu'ils ont résisté, pendant la longue période que la tribu a déjà parcourue, à toutes les causes de dissolution.

« Les familles sont très unies, les pères comme les mères sont extrêmement attachés à leurs enfants et sont capables de braver les plus grands périls pour

---

1. Les aldéas ou villages mundurucús sont au nombre total de 5o, de moins en moins importantes.

les protéger. Les quelques enfants malades que j'ai vus dans les aldéas étaient traités avec la plus grande sollicitude.

« Quand un Mundurucú parle d'un autre individu quelconque de sa tribu c'est toujours « un de nos parents » qu'il dit pour indiquer qu'il est bien de la tribu et non d'une tribu étrangère.

Tatouages et parures. — Les Mundurucús s'approchaient du point où l'idée de famille s'agrandit en idée de patrie. Les Mundurucús ont leur uniforme national. Mais cet uniforme ne consiste point en pantalons et en jaquettes de diverses couleurs, cet uniforme ils se le dessinent et se le peignent sur la peau.

« Quand deux Mundurucús se rencontrent loin de leurs villages, au milieu des forêts ou en canotage dans les rivières, ils se reconnaissent aisément par les uniformes, tatouages et peintures, blason national de la tribu.

« La peinture des Mundurucús n'est pas une chose de peu d'importance. Ce sont des dessins tracés avec une extrême habileté de la main d'artistes consommés.

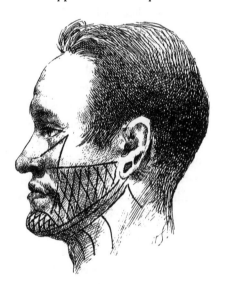

Tatouages mundurucús, Capitão Gabriell.

« Le visage et la poitrine sont ornés de nombreux losanges parfaitement dessinés. A la partie postérieure du corps ce sont des lignes parallèles tirées de haut en bas depuis le cou jusque sur les talons ; chez la femme ce sont les parties charnues et abdominales qui sont ornées de dessins très variés dans leur détail mais uniformes pour elles toutes.

« Les hommes aussi bien que les femmes tirent grande vanité de ce singulier ornement.

« L'opération de la peinture est extrêmement douloureuse. Elle commence quand l'enfant atteint l'âge de huit ans. Comme il est naturel, l'enfant ne se prête pas volontairement au supplice, mais l'enfant est pris de force, lancé à terre et privé de tout mouvement.

« Alors le peintre, orné d'une dent aiguë d'agouti, trace des dessins sur le corps de l'enfant qui saigne et pleure ou gémit.

« On applique sur les lignes ponctuées de perles rouges le suc du génipa. Le génipa est indélébile, sa couleur bleu noir ne s'effacera jamais plus.

« Généralement les blessures s'enflamment et la fièvre survient. C'est pour cela que l'opération est faite pendant l'hiver, l'action de la chaleur étant moins intense pendant cette saison.

« Le travail est lent : on laisse les premières blessures se cicatriser puis on continue. Et toute cette peinture est tellement compliquée que c'est seulement alors que le sujet arrive vers la vingtième année que le supplice prend fin.

« Tout le corps du Mundurucú est littéralement couvert de ces dessins.

« Il est impossible, ajoute l'excellent docteur Tocantins, que quelque autre peuple les fasse plus complets », — voilà, hélas ! qui est exact, — « et plus parfait »... Ce dernier point est peut-être sujet à discussion. Pour ma part, j'estime qu'un élève de nos écoles primaires dessine mieux dès dix ou douze ans que le plus génial des artistes mundurucús.

« Ces tatouages, dit encore le docteur Tocantins, sont l'emblème de l'union intime créée entre tous les Mundurucús par Carú-Sacaébé. »

Voilà qui est bien possible.

Pour ce qui est de la parure et de l'habillement, — s'il est toutefois permis de parler de vêtements à l'égard de gens qui aiment tant à se dessiner l'épiderme, — voici ce qu'en écrit, en 1882, dans la *Revista da Exposição Anthropologica*, Rio de Janeiro, l'illustre savant Barbosa Rodrigues.

Comme tous les Mundurucús que j'ai vus jusqu'à Salto Augusto et à la cachoeira das Sete Quédas étaient habillés, c'est sans doute le vieux « costume » des Mundurucús fraîchement débarqués des Campinas que décrit le grand naturaliste. Car je ne suppose pas que le F. Pelino de Castrovalva laissât, voici seulement vingt ans, hommes et femmes de la Mission se promener à Bacabal vêtus seulement de leurs peintures. D'ailleurs, il est vrai, rien n'est plus facile que de voir un Indien ou une Indienne *in naturalibus*, car ces primitifs n'attachent nullement à la nudité la moindre idée de honte :

ils se débarrassent momentanément d'un ornement étranger, et voilà tout.

« La tribu mundurucú, dit Barbosa Rodrigues, est la plus nombreuse, la plus guerrière et celle qui travaille le mieux les ornements en plumes.

« Elle est aussi remarquable par les tatouages barbares qu'elle emploie et c'est celle qui s'orne le mieux dans ses jours de fête. Les deux sexes ont cet usage, pourtant les femmes n'en abusent pas autant.

« De l'angle supérieur des oreilles ils tirent un trait qui se termine à l'angle extrême des yeux avec un autre qui passe sous le nez, le tout ayant une vague apparence de lunettes. De l'angle inférieur, d'une oreille à l'autre, passant par-dessous les lèvres et les mâchoires, ils peignent une large bande d'où partent, sous le maxillaire inférieur, des lignes en angles. En forme de colliers ils tracent des lignes parallèles qui passent sur les clavicules, et, du ventre jusqu'à l'aine, ils en tracent d'autres perpendiculairement.

« Ils se font trois trous dans chaque oreille et ils y passent des ornements les jours de fête. Ils ont les cheveux rasés autour de la tête comme des moines bénédictins, laissant croître seulement ceux du sommet ; la partie rasée est peinte avec une couleur qu'ils nomment *será*.

« Pour les fêtes des fruits et des animaux, ils se peignent tous avec le *será*, s'ornent la tête de l'*aquiri* qui est un ornement de plumes entremêlé de pailles, les cheveux du sommet de la tête retombant et enserrés dans des ornements également en paille, et ils portent en écharpe le *ichú* qui est un ornement de plume où ils insèrent des animaux vivants.

« A l'occasion des fêtes guerrières, ils se parent de leurs plus coûteux et luxueux ornements de plumes.

« Les ornements varient selon la catégorie sociale à laquelle appartient l'individu, catégories sociales dont voici les noms indigènes :

« La tribu mundurucú, conventionnellement, est organisée en trois divisions ou familles, distinctes à peine par la couleur des ornements et par le respect qu'elles se gardent entre elles, les familles *Ipapacate* ou rouge, *Aririchá* ou blanche, *Iasumpaguate* ou noire.

« Dans la première, la couleur rouge prédomine dans les ornements, dans la seconde, la jaune et dans la troisième, la bleue : couleur des plumes des différents aras qu'ils élèvent pour cette fin.

« Ils se recouvrent la tête avec l'*aquiriaá*, coiffure de plumes avec des bandelettes qui pendent sur les côtés. Par les trous supérieurs des oreilles ils passent une petite flèche avec une cocarde et une houppe. A la ceinture ils attachent le *tempéá*, quadruple éventail de plumes de queues d'aras. A l'écharpe en sautoir ils portent le *cururape* fait de diverses plumes fines. Ils s'ornent l'avant-bras du *baman*, espèce de dragonne ; ils se ceignent les poignets de l'*ipéá*, espèce de bracelet, et les jarrets du *caniubiman*, espèces de jarretières, ainsi que les chevilles du *caniubierie*, sorte d'anneau de plumes.

« Dans ces fêtes, ils s'arment de l'*iraré* (arc) ou du *putá,* espèce de sceptre, ainsi que des *parináá*, la tête ennemie momifiée fichée au bout du *pariná-renape,* espèce de lance qui la porte. »

Le mariage ; les funérailles ; l'autre monde. — « Chez les Mundurucús, le mariage consiste en un simple accord entre les futurs et leurs familles et n'est aucunement revêtu d'un caractère religieux quelconque.

« Il arrive parfois qu'un Mundurucú prenne pour fiancée une jeune fille encore en bas âge, d'accord avec la famille de l'enfant, et, dès lors, traite comme sa future femme la petite fille, lui fournissant le gibier et les autres moyens de subsistance jusqu'à ce qu'elle arrive à la puberté, jusqu'à la réalisation du mariage.

« Aussitôt les fiançailles, la future est réputée mariée et personne ne songerait à la disputer à son futur mari.

« Le mariage, une fois célébré, constitue un puissant lien d'union entre les deux époux. La polygamie n'est pas en usage dans la tribu, et cependant les scènes de jalousie brutale n'y sont pas rares.

« Les femmes, dans les aldéas, non seulement sont traitées avec un certain dédain, mais encore sont surchargées de travaux. Et un mépris constitutionnel pèse sur elles, les malheureuses : elles ne peuvent entrer dans l'*eçkçá !*

« Et pourtant, bien qu'elles aillent très complètement nues, elles évitent soigneusement les positions indécentes, à tel point que personne ne peut remarquer les périodes qui sont spéciales à leur sexe. »

Ce sont là des observations exactes. L'homme est un animal bien uniforme. Et, — mais il faut d'abord en demander pardon aux grandes modistes — et, la femme aussi ! Quand on a eu le loisir de promener quinze années d'une morose jeunesse (qui n'était pas absolument dépourvue d'investigation scientifique) à travers les déserts où notre frère l'homme sauvage et notre sœur la femme sauvage s'en vont, également nus, chercher leur vie précaire et pourtant déja artistique et sociale, alors, on se prend à réfléchir ! — Et il suffit d'avoir vu de près nos maîtres de hasard, à nous autres Européens, et leur intelligence et leurs cœurs, à ces individualités généralement quelconques bien qu'odieusement puissantes; alors on se tait et on repose... mais on dort mal, en attendant qu'il se lève enfin, le nouveau soleil !

En attendant, il est toujours consolant de parler de la mort.

Mais, pour ce qui est des Mundurucús, la mort n'a rien d'affreux. Ces braves sauvages savent perdre leurs proches avec une philosophie qui les ferait prendre pour des civilisés.

C'est qu'ils ont la foi.

« Quand un Mundurucú meurt, dit Tocantins, qu'il soit homme ou femme, vieux, jeune ou enfant, son âme s'en va pour une autre vie dans une espèce de paradis.

« Ce paradis est une prairie sans limites; au milieu se trouve une case tellement grande que tous les Mundurucús peuvent s'y loger.

« Enfin les esprits voyagent par l'espace, et alors ils produisent la tempête. Parfois ils descendent sur la terre sous la forme de l'oiseau nocturne appelé *matin tapirera* dont le cri étrange et démesuré retentit au loin tout à coup dans le silence des nuits amazoniennes.

« Au delà de la vie, au delà du tombeau, il n'y a plus de souffrance, aucun enfer n'est réservé aux Mundurucús. La vie d'outre-tombe est infiniment meilleure que la vie terrestre. Aucun mauvais esprit ne peut plus persécuter les Mundurucús, et cette autre vie ne prend plus jamais fin.

« Quand un Mundurucú meurt, ses parents creusent sa fosse sous son propre hamac, la fosse a la forme d'un puits et le cadavre y est installé accroupi. Les armes, les ornements de plumes, quelques menus objets sont ensevelis avec le défunt.

Mode de vie des Mundurucús. — « Les Mundurucús dominant un vaste territoire couvert de forêts vierges et de prairies, étant bon chasseurs et possédant d'excellents chiens, tirent de la chasse la base principale de leur alimentation.

« Ils ont aussi une petite agriculture, encore passablement rudimentaire, mais qui leur est pourtant d'un grand secours.

« Le territoire produit aussi divers fruits sylvestres, quelques-uns d'excellente qualité.

« En somme la flore, la faune et les productions agricoles de la contrée sont les mêmes que dans le reste de l'Amazonie.

« Les Mundurucús sont très sobres. Pendant les jours pluvieux de l'hiver, leur alimentation se réduit aux patates, aux ignames, aux castanhas et au dahú.

« Le *dahú* est le plat favori des Mundurucús. On le prépare avec les castanhas.

« Pour préparer le dahú, on fait bouillir les castanhas, on leur enlève l'enveloppe, on les lave, on les fait macérer, on les met dans une marmite que l'on recouvre de feuilles et on les expose à la fumée pendant une huitaine de jours.

« Les castanhas subissent alors une espèce de fermentation et exhalent une odeur très forte.

« Alors on les pile et on les remet une fois pilées dans la marmite, pour les boucaner à nouveau.

« Ainsi préparé le dahú se conserve très longtemps.

« Ils préparent aussi une autre espèce de dahú qui consiste, une fois que les castanhas sont convenablement bouillies et macérées, à y mêler du gibier ou poisson.

« D'ailleurs, en somme, l'alimentation des Mundurucús est sensiblement la même que celle de tous les autres Indiens. »

Guerres. — « Les guerres de ces barbares, dit textuellement le Dr Tocantins, n'ont pas d'autre but que de faire des femmes captives ainsi que des enfants des deux sexes. Les captifs, cependant, sont traités dans la tribu exactement comme les Mundurucús eux-mêmes. On les tatoue des mêmes tatouages, les femmes trouvent de suite un mari et l'enfant un père adoptif qui est presque toujours le Mundurucú qui l'a fait prisonnier. Quand on fait les préparatifs pour ces razzias, la sœur, la mère ou n'importe quel parent du guerrier ne manquent pas de lui dire : « Apporte-moi un petit garçon pour être mon fils. »

« Les principales victimes des Mundurucús sont les Parintintins, car en plus de l'intérêt de faire des captifs, il y a la haine mortelle qui existe de longue date entre ces tribus.

« Sitôt qu'ils ont entendu dire qu'une troúpe de Parintintins s'est montrée quelque part, immédiatement les Munduructís leur courent sus. A l'endroit des autres tribus, cependant, il n'y a pas cette haine invétérée. Il court parmi les Munduructís le bruit, probablement faux, que lorsqu'un d'eux a le malheur d'être fait prisonnier par les Parintintins, ceux-ci le dévorent tout vif, à belles dents, « comme un tigre dévorant une biche ».

« Inexacte ou non, cette tradition a contribué à développer encore chez les Munduructís l'idée d'une perpétuelle vengeance à tirer des Parintintins.

« Et tout ceci confirme bien ce que nous avons dit tout d'abord, que les guerres des Munduructís ne sont pas des guerres, mais des razzias.

« Quand arrive l'été, la razzia s'organise. Un certain nombre de Munduructís se concertent, préparent leurs arcs, leurs flèches, leurs flûtes d'appel, leurs provisions et se mettent en marche.

« Autant que possible chaque guerrier est accompagné de sa femme ou de sa sœur. L'office de cette vivandière, qui parfois n'a pas plus de quinze à seize ans, consiste à amarrer le hamac du guerrier, à lui préparer le dahú, à porter les charges, à aider à préparer la tête ennemie et à emmener les captifs ; enfin elle s'occupe de tout ce qu'il faut pour que le guerrier soit complètement libre pour l'attaque.

« Et ils s'en vont ainsi tranquillement, chassant, de sorte qu'il se passe des semaines et même des mois dans ces expéditions. La nuit, toute la troupe se réunit pour camper.

« S'ils rencontrent quelques traces dans l'épaisseur des bois ou quelque vestige indiquant le passage d'un être humain, ils étudient la piste avec un flair et une prudence peu ordinaires. S'ils aperçoivent une maloca ou une aldêa, ils en font la reconnaissance dans le plus grand silence possible ; ils marchent avec une telle légèreté qu'on n'entend même pas le bruit des feuilles sèches foulées aux pieds. Il semble qu'ils cheminent sur un épais tapis. Ils cernent la maison et attendent l'aube en silence. Alors avec une longue lance dont l'extrémité est imprégnée de brai enflammé, ils mettent le feu à la case et s'établissent en embuscade à la porte.

17

« Réveillés en sursaut, les assiégés entendent soudain ce cri terrible : « *Mundurucús !* »

« Les hommes qui, troublés, prétendent rompre le cercle, sont aussitôt transpercés par les terribles taquaras.

« Les enfants, sentant que la mort est sur eux, se remettent d'eux-mêmes à l'ennemi.

« Les femmes résistent presque toujours, luttent et sont faites prisonnières de vive force.

« Et, leur coup fait, les Mundurucús se mettent aussitôt en marche battant en retraite avec la plus grande diligence possible. Les têtes des cadavres ennemis sont préparées à la hâte. Quand les Mundurucús se savent poursuivis ou qu'ils appréhendent de l'être, ils voyagent nuit et jour. La nuit, ils s'éclairent avec des torches faites d'un bois résineux qu'ils appellent *ouichique-taque* et que les Indiens du bas Tapajoz connaissent sous le nom de « pao-candêa ». Ce bois, étant sec, s'enflamme facilement, donnant des flammèches et des étincelles quand l'Indien court tenant le flambeau à la main.

« Presque toujours ces expéditions sont tellement longues que les provisions s'achèvent et alors la troupe se nourrit de castanhas, faute de farine et de patates. Ce sont de longues privations, beaucoup reviennent maigres.

« On affirme que tous les ans les Mundurucús entreprennent de ces razzias et qu'ils reviennent toujours avec des captifs. »

L'excellent Dr Tocantins, on a pu le voir par toutes ces citations, éprouve pour les Mundurucús une sorte de sympathie d'artiste pour un curieux sujet. Barbosa Rodrigues n'est pas éloigné d'éprouver les mêmes sentiments. Soit qu'il traite du *pariná,* la tête boucanée, soit qu'il décrive le *parinate-nan,* la fête de la tête boucanée, son tempérament d'artiste prenant le dessus, l'illustre savant nous laisse voir qu'il se complaît à nous initier aux us et coutumes de ces pittoresques Mundurucús. Je reproduirai ici ces deux curieux morceaux avant de présenter mes modestes conclusions personnelles sur les Mundurucús et leur avenir.

Le PARINA, *ou la tête boucanée.* — « Le *pariná* est le plus rare des trophées dont s'enorgueillisse la tribu mundurucú et c'est aussi celui qu'on obtient le plus difficilement.

« Celui dont nous donnons le dessin est copié d'une photographie de M. Insley Pacheco réduite à moitié grandeur.

« Il représente la tête d'un jeune homme de vingt ans environ réduite à la dimension de celle d'un vulgaire macaque. Les cheveux, qui paraissent longs, au naturel ne descendent pas plus bas que l'épaule, les courts sont ceux qui tombent sur le front, montrant la longueur véritable quand l'individu vivait. Par la comparaison des cheveux du vivant et de ceux du mort on voit à quelle époque la tête fut réduite.

« Je connais parfaitement le procédé qu'ils emploient pour la momification et la réduction, car je vis une tête en cours de préparation et le procédé qui fut employé par un membre de la tribu.

« Les Péruviens momifiaient aussi les têtes qui restent semblables à celles momifiées par les Mundurucús ; j'ignore si c'est par le même procédé.

« Voici comment se préparent ces horribles trophées qui donnent à celui qui l'a conquis les honneurs de guerrier notable.

Tête humaine boucanée, préparée par les Mundurucús.

« Aussitôt après une attaque, à la fin de la bataille, chaque combattant qui a eu l'occasion de couper une tête ennemie, commence, sur le lieu même, le travail de conservation de son trophée et l'achève dans sa maloca.

« Il commence par lui arracher les dents qui servent pour le *parinate-ran* avec lequel le tuxáu le récompense cinq années plus tard; puis il extrait les yeux et ensuite tout l'intérieur de la tête, comme un habile taxidermiste, et le détache du crâne qu'il découvre entièrement, ne restant adhérent que par la face. Là, avec une grande habileté, il détache les muscles avec la peau, rejetant les os.

« Tournant aussi l'intérieur de la peau du crâne en dehors sans la distendre, avec un couteau en bambou il coupe à peu près toute la musculature. Il nettoie, essuie bien, et donne, intérieurement et extérieurement, une onction d'huile de capara, puis, avec de l'étoupe, des plumes, des racines et des feuilles aromatiques tassées, il empaille, s'appliquant à donner des formes naturelles qui ne défigurent pas l'individu.

« Empaillée, suspendue sur un boucan, la chaleur et la fumée vont la sécher. L'huile est absorbée et, quand la dessiccation est bien commencée, on diminue « la bourre » de la tête en enduisant d'huile à nouveau, et, ainsi, séchant graduellement, on diminue le volume de la bourre jusqu'au point où il n'est plus possible à la peau de se contracter.

« Alors on perce les lèvres, les joignant ensemble avec des fils de coton où pend un ornement de fils de coton peints au roucou.

« On lui passe par le haut du crâne une longue corde pour la porter pendue aux côtés. Mais la tête, sauf aux jours de grande fête, est gardée au boucan, ce qui, avec l'huile, la préserve des insectes et ce qui lui donne aussi bientôt une indélébile couleur noire.

« La tête ici reproduite, mesure d'une oreille à l'autre, en passant sous le nez, o m. o5; de l'occiput aux lèvres : o m. o95; et de longueur : o m. o6.

« *La fête du Pariná-te ran.* — La tribu des Mundurucús, la plus guerrière de l'Amazone, est aussi celle qui, le plus solennellement, fête ses victoires et pleure ses braves.

« Les braves ont deux récompenses : la première consiste dans le droit de se porter plus en avant sur le champ de bataille ; la seconde leur est concédée par le chef comme distinction quand, malencontreusement blessés, il ne peuvent obtenir la première.

« La première est le *pariná-á* qui indique que le porteur est un guerrier vainqueur, et la seconde est une écharpe de coton que le tuxáu tisse et orne avec les dents maxillaires d'une tête ennemie. Cet insigne n'est pas donné seulement aux blessés, il distingue aussi les familles : l'*écharpe de coton* ou *écharpe d'ennemis* est également donnée à la veuve d'un guerrier tué dans le combat, et, dans les deux cas, que ce soit le blessé ou que ce soit la veuve qui soit en possession de l'écharpe, la règle est la même : qui détient l'écharpe cesse de travailler et est entretenu par la tribu, comme un impôt payé par ceux qui jouissent de la paix assurée par ceux qui périrent sur le champ de bataille.

« Ce privilège d'être entretenu par la tribu, le porteur du « pariná-á » l'a également, mais pour lui il ne dure que cinq ans, c'est-à-dire le temps qui s'écoule entre la bataille où fut conquise la tête ennemie et la fête commémorative du « parina-te-ran », cinq ans après. La fête finie, la tête n'a plus de valeur d'insigne et le privilège se termine; mais pour qui détient une « écharpe d'ennemis » le privilège se continue la vie durant.

« Ces fêtes guerrières ont un singulier caractère de grandeur.

« Après une campagne, quand arrivent tous les guerriers et les femmes qui les accompagnent, le tuxáu ordonne une grande chasse. La chasse finie, le village se réunit, au jour marqué, pour assister à la confection, par le tuxáu, d'écharpes dans lesquelles il inserre des dents ennemies, celles-ci étant préalablement nettoyées et percées par ses subalternes.

« La confection des écharpes est accompagnée de chants où la vengeance est peinte sous des couleurs séduisantes; faisant appel au patriotisme, le barde fait voir que, pour chaque mort dans la tribu, il est nécessaire d'un mort dans les rangs ennemis.

« Voici un de ces couplets en manière de refrain :

> » Beque bequiqui otêgê
> « Ochê urupanum ranc egê
> » Ochê urubê am aum egê
> « Beque mum ochê capicape nansum. »

« (Souvenons-nous, mes amis, que ce service que nous faisons maintenant nous a été légué par nos pères)[1].

« Pendant ce temps, toute la tribu est là, nue, assise, et la cérémonie finie, se dirige vers le *exça* (quartier général) et là prend ses armes et ses vêtements de fête.

« Ils sont formés en ailes près du quartier général, le tuxáu avec les écharpes se place à l'une des extrémités, et vers lui se dirigent, nus, les cheveux poussés longs, ceux qui vont être récompensés. Pendant ce temps, résonnent les modulations stridentes de la trompette de guerre, l'*ofuá*, et, à mesure que le tuxáu, de ses propres mains, va ceindre les écharpes, ceux déjà récompensés se dirigent vers le quartier. Quand sont promus tous les blessés, se présentent les trois veuves désignées par le tuxáu, une de chaque division sociale, pour

---

1. C'est là sans doute du mundurucú hiératique, car il n'a que peu de ressemblance avec le mundurucú vulgaire.

recevoir aussi leur récompense. Elles portent, au lieu d'un collier de dents ennemies, le *cururape* de leur mari et en chaque main un *putá* d'un ancien et d'un mort dans le combat (achirau).

« Cette cérémonie terminée, sonnent les *caruqu*, grands instruments au son effrayant, et toutes les femmes, précédées par les récompensées et suivies des hommes, les accompagnent en chœur dans des battements de pieds dont le bruit s'entend au loin. Pendant cette cérémonie, on sert à manger et aussi la *maniquera*. La fête qui commence à six heures du soir se termine à l'aube. Alors ils se réunissent au quartier et là le chef coupe les cheveux des blessés qui alors revêtent leurs ornements, mais ne reprennent leur rang que le jour suivant quand se continue la fête, qui se prolonge d'autant plus longtemps qu'il y a de blessés à récompenser. »

CHAPITRE VIII

Honneurs funèbres aux guerriers tués à l'ennemi. — Fêtes en l'honneur de la chasse, de la pêche et de l'agriculture. — Peine de mort contre les sorciers. — Rochers dessinés de Arencré de Cantagallo. — Les Mundurucús de l'heure présente. — L'habitat actuel des Mundurucús.

Honneurs funèbres aux guerriers tués à l'ennemi. — « Lorsque, dit le docteur Tocantins, il arrive, dans une de leurs guerres, qu'un guerrier mundurucú meure dans le combat, ses compagnons lui coupent la tête pour la « momifier » par le procédé connu.

« De retour au village, on la place en un endroit réservé, avec les armes, les ornements et la grosse flûte du défunt.

« Cette relique devient un objet de vénération publique.

« S'il passe par là quelque Mundurucú des aldéas voisines, il va rendre les honneurs funèbres à la tête coupée, pleurant et se lamentant sur le triste sort du défunt.

« A l'aldéa natale du mort, des honneurs publics se préparent pour un jour fixé longtemps à l'avance, et les aldéas voisines sont invitées cérémonieusement à la solennité.

« Quand arrive l'époque fixée, la tête est mise dans une espèce de panier que portent sur leurs épaules la veuve, la mère et les sœurs du défunt.

« Les autres femmes s'asseyent à terre, faisant un cercle autour des femmes de la famille. Des torches de bois résineux brûlent à côté du panier funéraire.

« Les guerriers, parés, ornés et armés d'arcs et de flèches, dansent autour du groupe, sonnant de toutes leurs flûtes et de toutes leurs trompettes.

« D'autres groupes d'hommes se forment et d'autres également dans l'ekçá; d'autres vont chantant et dansant autour de la maison où se trouve la précieuse relique, objet de ces honneurs funèbres. En même temps, on entonne à haute voix ces lamentations chantées :

« Tu es mort, nous te vengerons; c'est pour cela que nous sommes au « monde : pour venger ceux des nôtres qui succombent dans les combats. « Nos ennemis ne sont ni plus vaillants ni plus hommes que nous. »

« Ces honneurs funèbres durent plus d'un jour. Ils se célèbrent les quatre premières années qui suivent la mort du guerrier.

« La fête de la quatrième année se termine par l'enterrement de la tête. A cette occasion, les hommes comme les femmes adressent à la relique les paroles suivantes :

« Mon frère, mon fils, nous venons ici pour faire ton enterrement. Tu es « mort, c'est pour cette fin que tu étais né. Tu es mort à la guerre parce que « tu étais vaillant; c'est pour cela que nos pères et nos mères nous ont créés. « Nous ne devons pas avoir peur des ennemis. Qui meurt à la guerre meurt « avec honneur; ce n'est pas comme celui qui meurt de maladie. Nous venons « de toutes les malocas pour pleurer et danser jusqu'à la fin de ton enterre- « ment. »

« Alors ce sont les femmes qui viennent à leur tour faire cercle autour du panier funéraire et qui font une allocution comme si c'était le mort lui-même qui parlât : « Ma mère, ma femme, vous, vous mourrez dans votre hamac; « moi je suis mort à la guerre parce que j'étais vaillant. »

« Pendant ces fêtes, les pagés sonnent d'un instrument spécial, une espèce de trompette appelée *caruquë*. Pour cela, le pagé se cache dans une petite cabane où il est expressément défendu aux femmes d'entrer. D'ailleurs les femmes, élevées dans cette superstition, évitent soigneusement de s'exposer à voir cet instrument mystérieux et sacré. Elles sont intimement convaincues que si, même par inadvertance, elles arrivaient à voir, même un seul instant, le *caruquë* sacré, elles commettraient un sacrilège qui les rendrait malheureuses pour toute leur vie.

(Telles, les femmes Uaupes à l'endroit du macacaráua et des paxiubas.)

« Enfin, dans l'intérieur de la maison où habite la famille du guerrier défunt, on creuse un trou vertical dans lequel on enterre la tête en l'honneur de laquelle on a célébré les fêtes. »

Fêtes en l'honneur de la chasse, de la pêche et de l'agriculture. — « Chaque aldêa mundurucú célèbre aussi, au commencement de chaque hiver, une fête publique, alternativement une année en l'honneur de la chasse, une année en l'honneur de la pêche.

« Pour cela, l'aldêa élit un directeur de la fête, lequel est naturellement choisi parmi les guerriers les plus prestigieux en même temps que les meilleurs chanteurs.

« On fait, au préalable, abondante provision de chasse, de cassave, de patates et de différentes denrées alimentaires.

« Les femmes se peignent de génipa, de roucou et d'autres couleurs de grand effet.

« Hommes et femmes, ornés de parures de plumes, mais aussi de colliers de dents d'ennemis, se réunissent par groupes où bon leur semble et commencent à faire de la musique, à danser et à chanter.

« Ils réunissent des crânes de tapir, de biche et d'autres gibiers ou poissons et ils leur offrent les meilleurs régals, le dahú, la tarubá, la maniquera et divers autres.

« A minuit, le pagé se retire dans une pièce réservée où ne peut pénétrer aucun regard profane. Là, au sein de profondes ténèbres, il évoque d'une voix forte la *mãe*, la *mère* (ou l'esprit) du tapir, en premier lieu, si la fête est consacrée à la chasse.

« Au bout de quelques instants, les assistants qui se trouvent alentour de la mystérieuse baraque ne tardent pas à en entendre sortir le cri aigu du tapir.

« C'est le pagé qui imite le cri de cet animal pour faire croire aux assistants que le génie évoqué est accouru à son appel et qu'il est là à ses ordres sous la cabane mystérieuse.

« Alors commence à haute voix un dialogue animé entre la « mãe » du tapir et le pagé. Celui-ci demande à celle-là que pendant le courant de l'année elle soit propice aux chasseurs de l'aldêa, et qu'elle fasse que ses fils n'aillent pas se cacher au loin, mais qu'ils se montrent au contraire en grand nombre. La réponse est toujours favorable.

« Ensuite il évoque la « mãe » du cerf, et successivement la « mãe » de tous les autres animaux que les Mundurucús désirent rencontrer dans leurs chasses.

« La fête en l'honneur des poissons est en tout semblable à celle en l'honneur de la chasse.

« En plus de ces fêtes consacrées aux génies tutélaires de la chasse et de la pêche, les Mundurucús célèbrent encore chaque année, au commencement de l'été, une autre fête en l'honneur de l'agriculture.

« Hommes et femmes se mettent sur une ligne, sonnant d'une espèce de trompette appelée *ken*, dansant, chantant et invoquant les « mães » du manioc, du maïs, etc., de la manière suivante :

« Mãe » du manioc, favorise-nous. Ne nous laisse pas endurer de privations. « Tous les ans nous t'adressons nos prières, jamais nous n'avons oublié. »

« Les pagés commencent à chanter cette invocation que le peuple reprend en chœur. »

Peine de mort contre les sorciers. — Fr. Pelino de Castrovalvas et le docteur Tocantins accusent l'un et l'autre les Mundurucús de mettre à mort les « sorciers » ou prétendus tels. Je ne me permettrai pas de discuter ces assertions, bien que cependant je me sente fort enclin à ne pas confondre les prétendus « sorciers » indiens avec les personnages qu'on appelait de ce nom chez nous. C'est là de l'assimilation un peu hâtive, besoin d'établir des parallèles et de faire de la symétrie, et cela rappelle, dans un autre ordre de faits, les travaux de ces missionnaires de l'Amérique du Nord qui, au siècle passé, coulaient leurs grammaires iroquoises ou huronnes dans le moule de la grammaire latine.

Personne n'a sondé encore bien profondément les mystères de l'âme indienne. Pour ma part, il m'a semblé voir toujours les Indiens plus sceptiques que superstitieux. Et il m'a toujours paru qu'ils me débitaient celles de leurs histoires où il entrait du merveilleux avec le ton spécial que devaient prendre jadis les débiteurs de *fabliaux* ou de *chansons de gestes*. Voici toutefois, à titre de documents, — de documents qui condamneraient ma théorie, — deux opinions de personnages dont le sentiment sur la matière mérite assurément d'être pris en considération ; l'une est celle du Fr. Pelino de Castrovalvas, fondateur de la Mission de Bacabal, l'autre est celle du docteur Tocantins.

« Une des superstitions les plus enracinées chez les Mundurucús, dit Fr. Pelino, est celle de la sorcellerie. Que n'ai-je point dit, que n'ai-je point fait pour leur arracher du cœur une si pernicieuse superstition ? Et combien de morts cette superstition n'a-t-elle pas occasionnées avant la fondation de la Mission ? Et lorsque j'étais persuadé que j'avais amené les Mundurucús à détester un si abominable vice, il suffisait d'un jour d'absence du missionnaire pour voir se reproduire les faits anciens.

« Quand je descendis à Pará l'année passée (en 1875), il arriva que divers Indiens de la Mission tombèrent malades et moururent.

« Et les Indiens de crier au sortilège.

« Il est nécessaire de tuer les sorciers, disaient-ils. Ils veulent nous tuer « tous, il faut les tuer ! »

« Ils désignèrent quatre jeunes gens de la Mission pour être immolés comme sorciers. Ils en rencontrèrent un, appelé Ismaël ; les autres, avisés à temps, s'enfuirent, et depuis ne sont pas revenus.

« Ismaël fut tué ; il reçut deux coups de fusil et on l'acheva à grands coups sur la tête.

« Ce fut José da Gama qui donna l'ordre de cette exécution. Ismaël se trouvait dans les bois, en face de la Mission, de l'autre côté de la rivière. José da Gama avait envoyé ses exécuteurs le matin, et comme sur le coup de midi ils n'étaient pas encore revenus : « Ces gens, dit-il, ne sont même pas capables « de tuer un homme ; j'y vais, moi ! » Mais quand il arriva, Ismaël était déjà assassiné. Alors, satisfait, José da Gama s'en revint avec ses bourreaux, après avoir abandonné aux urubús le cadavre de sa victime. »

« Ce capitão José da Gama, dit maintenant le docteur Tocantins, fut cacique d'un ancien village qui existait sur la rive du Tapajoz ; il vint, avec tous ses gens, pour la Mission de Bacabal. Son nom indigène est Mari-Baxi ; le Fr. Pelino, quand il avait à s'absenter pour quelque temps, le laissait toujours gouverner la Mission. C'est un Indien énergique et résolu, et déjà avant la fondation de la Mission il avait assassiné divers de ses compagnons, accusés d'être sorciers, et parmi eux son propre frère qu'il lança au milieu des cachoeiras une pierre au cou.

« Si Mari-Baxi commet encore aujourd'hui des actes de cette sorte dans une Mission qui est sous la surveillance du gouvernement, on peut se faire idée de ce dont sont capables les tuxáus des aldêas centrales. Ce fait eut lieu en 1875, quand je me trouvais en dehors de la Mission de Bacabal, visitant les aldêas des campinas ; à mon retour, je passai deux jours à la Mission dont, pendant l'absence du missionnaire qui s'était rendu à Pará, la direction avait été remise par le Fr. Pelino à Mari-Baxi en personne !

« Mari-Baxi me reçut avec beaucoup d'attentions et de démonstrations d'amitié, mais il ne me dit absolument rien sur le crime qu'il venait de commettre. Lui et ses complices gardèrent à ce sujet le secret inviolable. Le propre Fr. Pelino, qui n'arriva à la Mission que quelques jours après mon passage, n'eut connaissance du fait que longtemps après.

« C'est à peu près à cette même époque que se produisit, dans une des aldêas des campinas, le fait suivant. Quelques Indiennes étaient allées se baigner dans un ruisseau voisin de l'aldêa ; au retour, chacune d'elles emportait sur la tête une calebasse d'eau pour sa case. Au moment où elles s'y attendaient le moins surgissent quatre Mundurucús qui, s'emparant de l'une d'elles, jeune fille d'environ dix-huit ans, la transpercent avec leurs énormes lances en taquara. Les compagnes de la victime s'arrêtent, frappées de terreur, mais les bourreaux leur dirent : « Allez votre chemin, c'était une sorcière. »

« Le cadavre de la jeune Indienne resta là tout le reste du jour. Le jour suivant le cadavre fut jeté sur un bûcher et brûlé.

« Autre cas. Sur le bord du Tapajoz, dans la maison d'un sertanejo, existe une Indienne mundurucú d'une vingtaine d'années, couverte des peintures de sa tribu et non encore baptisée, bien qu'on la connaisse sous le nom chrétien de Sebastiana ; elle parle un peu portugais et est très expansive.

« Elle raconte que sa famille habitait l'aldêa de Carucupi, au Cururú. Il régnait là des fièvres de mauvais caractère et plusieurs Indiens succombèrent. Il arriva que la mère de la jeune Indienne se chargea de soigner quelques-uns des malades.

« Un jour que la vieille Indienne revenait des travaux du dehors, une de

ses intimes amies lui dit en secret : « Réfléchis bien que tes malades meurent :
« on dit déjà que tu es sorcière.... » Sans perdre de temps, la vieille Indienne,
d'accord avec son mari, prend une résolution énergique. Elle abandonne
l'aldèa, la nuit même, emmenant avec elle deux filles et un fils en bas âge.
Et pendant toute la nuit et pendant le jour suivant elle entendit les aboiements
des chiens qui étaient à sa poursuite, précédant les bourreaux.

« La malheureuse famille, après plusieurs jours de grandes marches dans
les bois, arriva enfin au Tapajoz et jamais plus elle ne retourna à Carucupi
ni à aucune autre maloca.

« Cette même Indienne raconte un autre cas non moins triste qui se produisit à l'occasion des mêmes fièvres. Peu de jours avant la fuite avec sa mère,
la petite Indienne était à la maloca de Acupary avec quelques-unes de ses
compagnes. Un soir, elles dînèrent ensemble, comme à l'ordinaire, sans
remarquer rien d'anormal. Au petit jour cependant, elle fut réveillée en
sursaut par un cri de désespoir et d'agonie qu'elle entendit à côté d'elle. Tout
de suite après elle vit deux Mundurucús qui passèrent à côté de son hamac,
traînant plutôt qu'ils ne portaient le cadavre de sa compagne, la poitrine
traversée par la lame aiguë de la tacuara. Et comme la jeune fille ne paraissait
pas absolument morte, les misérables étranglèrent la malheureuse dans son
propre hamac. Le cadavre nu et ensanglanté fut trouvé, à leur réveil, par les
autres Mundurucús, dans la cour de la maloca, et le soir vint que le cadavre
était encore là.

« Les cas de cette sorte ne sont pas rares, il faut bien reconnaître que les
exécutions pour causes de sorcellerie sont fréquentes. Ils disent que du
temps où Carú-Sacaébé était parmi eux il ne se voyait ni sorciers ni sortilège.

« Aussi bien tout le code criminel des Mundurucús se réduit-il à cela.

« Il n'y a pas exemple qu'un Mundurucú ait jamais été tué par un autre,
sinon... pour motif de sorcellerie. S'il survient entre deux Mundurucús de la
même aldèa une haine violente, le plus souvent l'un d'eux détache son hamac
et s'en va l'amarrer dans l'ekça de quelque aldèa voisine où il résidera autant
que bon lui semblera. »

Pour moi, je ne vois pas les Mundurucús avec les yeux de mon ami le docteur Tocantins et, de tout ce qui précède, il me semble qu'on ne peut conclure que ceci :

LES MUNDURUCÚS NE PRATIQUENT NI LA JUSTICE, NI LE DUEL, NI LA GUERRE, MAIS SEULEMENT L'ASSASSINAT.

Rochers dessinés de Arencré et de Cantagallo. — Dans les campinas des Mundurucús, entre l'ancien Acupary et la primitive maloca de Décodème, existeraient, paraît-il, sur les Morros de Arencré, de nombreux dessins gravés dans les rochers par d'anciens artistes mundurucús, dessins primitifs et enfantins, bien entendu, comme tous les dessins des Indiens de l'occident des Amériques. Le docteur Tocantins dit ne pas avoir eu occasion de les voir.

La légende mundurucú dit que Carú-Sacaébé, après avoir détruit la maloca de Acupary pour punir l'ingratitude de ses habitants, vint fonder Décodème qui devient, de cette sorte, le berceau du genre humain. Alors Carú-Sacaébé traça ces caractères entre les deux aldêas pour laisser un monument qui perpétuât le souvenir de ce fait mémorable.

Puis, quand Décodème fut devenue forte et puissante et que Carú-Sacaébé quitta alors la terre pour ne plus y revenir, il traça également les dessins de Cantagallo, comme il descendait le Tapajoz pour n'y plus revenir.

Des circonstances indépendantes de ma volonté m'ont empêché, au voyage d'aller comme au voyage de retour, de visiter les dessins de Cantagallo qui sont reproduits ci-dessus d'après le docteur Tocantins[1].

« Sur la rive gauche du Tapajoz, dit le docteur Tocantins, à l'endroit connu sous la dénomination de Cantagallo, on voit, sur la surface d'un morro de près de cent mètres de hauteur à pic sur la rivière, quinze figures.

« Elles sont là de temps immémorial, les plus antiques voyageurs de ces déserts et les plus vieux Mundurucús les ont vues comme elles sont actuellement, mais personne n'en connaît la signification.

« Elles sont de couleur ocreuse. Elles sont à environ huit mètres au-dessus du niveau des plus hautes eaux du Tapajoz.

« Aujourd'hui il serait impossible à un homme de les tracer à cette hauteur, même avec l'aide d'un échafaudage, car, à la base du morne, la rivière forme

---

1. *Estudos sobre a tribu « Mundurucú »*, pelo engenheiro Antonio Mauel Gonçalves Tocantins.

une petite anse où le courant est violent, surtout à l'époque où le niveau des eaux est le plus élevé.

« Je ne ferai aucune conjecture sur l'origine ni sur la signification de ces caractères. Qu'il me soit permis seulement de rappeler que Humboldt rencontra également, sur les bords de l'Orénoque, dans les mêmes circonstances, à une hauteur inaccessible à la main de l'homme, des caractères de ce genre.

« L'illustre savant est d'opinion, si je me souviens bien, que le niveau des

Figures dessinées sur les rochers de Cantagallo.

eaux de l'Orénoque, dans les époques lointaines, s'est élevé beaucoup plus haut qu'aujourd'hui.

« Je pense qu'on peut appliquer ces explications aux dessins de Cantagallo. »

L'explication donnée par Humboldt est en effet restée la plus vraisemblable de toutes celles fournies au sujet des « rochers dessinés » de l'Amérique du Sud. Qu'il me soit permis seulement d'ajouter une réflexion, à savoir que, pour enfantin qu'il soit, ce dessin, et surtout l'idée d'en orner des rochers élevés ou des pierres plates des cachoeiras, sont des preuves incontestables d'une supériorité intellectuelle et d'une plus grande aptitude à la civilisation de la part des mystérieux artistes qui nous laissèrent ces hiéroglyphes, qui n'ont point tenté jusqu'à ce jour, bien qu'ils en valent peut-être la peine, quelque nouveau Champollion. J'entends supériorité intellectuelle et plus grande aptitude à la civilisation, seulement par rapport, cela va de soi, aux Indiens d'aujourd'hui. Ou ceux-ci sont en pleine décadence, après avoir été jadis en passe d'arriver à une civilisation autochtone, ou bien la race indienne que nous connaissons n'est pas la même que la race qui a produit les artistes des hiéroglyphes américains.

Les Mundurucús de l'heure présente. — Tout ce que nous venons de dire des Mundurucús, d'après nos prédécesseurs et d'après nos observations personnelles, se rapporte bien plus à ce qui était hier la vérité qu'à ce qui sera vrai demain : les Mundurucús sont en pleine décadence, aussi bien au point de vue social et au point de vue moral qu'au point de vue économique.

Les Mundurucús ne sont plus « les terribles Mundurucús »; pour le peuple civilisé du Tapajoz ils ne sont plus que les « Campineiros », les « Cara-Pretas », les « Cabeças Peladas ». La horde à son déclin n'est plus guère pour personne, pas même pour les petites tribus voisines, un objet d'effroi; de là à tomber dans le mépris il n'y a plus qu'un pas, que *les derniers Mundurucús* ne vont pas tarder à faire. Déjà mieux connus, la décadence ayant mieux accusé leur véritable relief, à la place de ces vaillants Mundurucús à qui on prêtait des mœurs et des fêtes dans le genre de celle dont Chateaubriand a doté les Natchez, il ne reste que de fort vulgaires bandits du désert, voyageant par fortes troupes de 100 et jusqu'à 200 à la fois, presque le cinquième de la tribu, pour tomber à l'improviste, la nuit, sur des villages sans défense et sans défiance, où ils brûlent et tuent pour emporter des têtes coupées qu'ils boucaneront et pour voler des femmes, des jeunes filles, des fillettes, dont ils feront leurs concubines et leurs servantes, ainsi que des petits garçons, qu'ils dresseront bientôt au métier de bandits. Ils sont établis sur une des grandes voies de pénétration du centre du continent, leurs prairies et leurs forêts se prêteraient parfaitement à la colonisation européenne et à plus forte raison à la colonisation locale, il y a gros à parier que ce sera d'ici peu d'années que l'on verra le dernier sorcier mundurucú boucaner sa dernière tête humaine....

Aujourd'hui, ils en sont à cette période étrange de l'évolution humaine où He sauvage, ayant entièrement conservé les idées et en grande partie les mœurs d'une période historique, dont il n'est pas encore absolument sorti, s'essaye à un nouvel état qui est la civilisation. Alors, ou bien il y a parité de race et, dans ce cas, la variété inférieure s'adapte à la variété supérieure et se survit tout entière, mais transformée ; ou bien cette parité n'existe pas, et pour le coup, en dépit des douteux résultats de métissages plus ou moins heureux, la variété inférieure sombre et ne tarde pas à disparaître pour jamais.

Ils disparaîtront tout entiers, car ils se métissent très peu avec la population civilisée, et ce qui est encore aujourd'hui le sertao Mundurucús ne sera bientôt plus que la « tapéra » d'une sinistre tribu morte.

L'habitat actuel des Mundurucús. — Les terres de parcours des Mundurucús comprennent de très grands espaces à l'ouest et à l'est des Tapajoz.

La « Mundurucania » actuelle s'étend de chaque chute du Tapajoz jusqu'aux environs du Xingú et de la Madeira, toutefois la plus grande partie de la tribu est cantonnée dans la région des Campos du Cururú-Caderiry. Les mille et quelques Mundurucús d'aujourd'hui sont répartis (voir les Tableaux statistiques à la fin du volume) en divers groupes que j'ai cru pouvoir classer ainsi : Tapajoz, affluents du Tapajoz, Alto Tapajoz, affluents du Alto Tapajoz, São Manoel Sucundury. C'est dans la région des affluents (de droite) du Tapajoz, dans les campos du Cururú-Caderiry que vit aujourd'hui la plus grande partie de la nation mundurucú, environ 1 000 sur 1 400 tout au plus. Et ces 1 400 Mundurucús ont un territoire de parcours qui va d'entre Serundary et Madeira aux rives du Xingú, des formateurs du Tapajoz et de ceux du São Manoel aux dernières cachoeiras d'aval vers le territoire Maues.

Sur un espace de 600 kilomètres du nord au sud et de 900 kilomètres de l'est à l'ouest dans sa plus grande largeur, soit environ 300 000 kilomètres carrés, plus de la moitié de la France, 1 400 Mundurucús ne peuvent pas vivre en paix avec les rares hôtes de l'immense domaine où, hier encore, ils régnaient par la terreur.

Ils ont, des frontières de Goyaz aux frontières d'Amazonas, à travers tout l'État de Pará, entretenu l'état de méfiance et de guerre parmi nombre de tribus, qui peut-être, comme tant d'autres, seraient venues aux civilisés. Ils se sont mis du côté des blancs parce qu'ils les ont vus à l'œuvre et qu'ils ne pouvaient plus douter de la supériorité de leurs forces, mais ils n'ont appris à

19

l'école des civilisés que des ruses politiques et des ruses de guerre. Et aujour-
d'hui malgré leurs rapts d'enfants et de femmes et leur prestige de coupeurs
et de boucaneurs de têtes innocentes, voici que dans le silence de leurs forêts
et de leurs prairies redevenues désertes sonnent les dernières heures de leur
tribu qui s'éteint. Voici la race civilisée qui se met en marche du côté du
levant et même du levant le plus lointain, et les Brésiliens et leurs amis d'Europe viendront semer la paix et la concorde là où les sauvages Cara-Pretas
n'auront laissé que des souvenirs grotesques ou odieux de prétendus sortilèges
et de tramer certains assassinats de femmes sans défense et d'hommes tombés
pendant leur sommeil ou dans quelque repas d'amitié. Et les dernières survi-
vances féminines de cette race si singulièrement « guerrière » se mêleront au
sang blanc afin que toutes les races soient représentées au jour prochain de
l'ascension de la paix et du bonheur dans le ciel moins sombre et moins triste
de notre si tourmentée patrie terrestre.

Le rêve optimiste de la paix et de la fraternité universelles : il faut d'abord
en parler, puis on finira par y croire, et alors on le réalisera.

Mais sans doute qu'à cette époque, si rapprochée soit-elle, les derniers Mundurucús boucaneurs de têtes coupées seront déjà tous à chasser et à mener
joyeuse vie dans les campos célestes de leur illustre Carú-Sacaébé, le brillant
dessinateur d'Arencré et de Cantagallo.

Et leurs victimes d'aujourd'hui, *Parintintins* et autres, auront aussi gagné
les mystérieuses demeures du monde des morts.

Il serait pourtant fâcheux que ceux-là disparaissent avant de nous avoir
appris où et comment ils vivent dans leurs solitudes où, jusqu'aujourd'hui,
l'homme civilisé a encore pénétré si rarement.

Que saurons-nous jamais de ces *Carajás* qui seraient les plus vaillantes des
nations auxquelles s'attaquent les Mundurucús? Chez ces Carajás, Caraïbes
sans doute, ce seraient les femmes qui se battraient avec le plus de courage....
Et de ces *Yurunas* et de ces *Araras* et de ces *Tecunas-Penas*, dont les territoires s'étendent de la région mundurucúe aux portes de Pará?...

Il ne tardera pas à ne plus rien rester de toutes ces hordes errantes, mais leurs
terres, devenues veuves, seront toujours là, belles, riches et qui n'attendent
que la bonne volonté des hommes.

CHAPITRE IX

Le 12 décembre, à deux heures de l'après-midi, nous retournons de la cachoeiras das Sete Quédas.

Le voyage est fini. Maintenant la pluie peut tomber. Aussi tombe-t-elle.

Ces jours précédents nous avons eu un peu de « friagem », fort peu cependant, car ce n'est pas la saison. C'est en juin, juillet et août que le « friagem » se fait sentir dans le Alto Tapajoz et dans le São Manoel. Alors il souffle parfois du sud un vent âpre, sec et un peu froid qui invite les habitants à allumer du feu pour se chauffer. C'est « *o tempo de friagem* ». Ces froidures ne se manifestent pas tous les ans, toutefois elles sont très fréquentes. Ce sont, alors, des nues blanchâtres poussées par un vent de trovoada. Huit jours, quinze jours de suite, le friagem sévit, puis la température redevient normale. Dans les campos du Cururú le friagem est, paraît-il, excessif.

Après une journée bien poussée nous arrivons, la nuit, chez Moreira père. L'excellent homme, sachant tout l'intérêt que je porte aux questions concernant la géographie locale, m'entretient de tout ce qu'il sait et parle plus lentement, se répète, explique surabondamment lorsqu'il me voit prendre des notes.

Du malocas Mundurucús de chez Moreira aux malocas du haut Cururú, ce sont trois jours de marche. A peu près à moitié chemin on traverse l'Anipiri. Au delà du Cururú ces campos se continuent jusqu'au Caderiry et non loin des bords du Rio das Tropas. On ne sait s'ils se poursuivent à l'est de cette dernière rivière. Tous ces campos sont interrompus d'îles boisées plus ou moins vastes présentant rarement plus de cinq ou six kilomètres dans le sens de leur plus grande largeur.

Un peu en amont de la maloca du Cariman, le Cururú présente un saut qui n'aurait pas moins de 15 à 20 mètres de hauteur. Au-dessus le Cururú fournit encore un parcours assez considérable, du Saut du Cariman en amont, le Cururú poursuit toujours à peu près parallèlement au São Manoel; ses sources seraient encore à une certaine distance au-dessus du parallèle de la cachociras das Sete Quédas.

15 *décembre*. — Nous voici chez Saturnino attendant le maître de céans qui est resté là-haut, malade. Je reprends possession de ma vieille igarité à laquelle je fais faire une toilette soignée. Lavée au savon sous le rouffle et partout ailleurs à grande eau, et comme elle est vide, — je n'ai plus que mes papiers et quelques collections, — elle va devenir très confortable.

16. — Saturnino est arrivé dans la nuit. Une cordiale poignée de main à Saturnino qui est assurément une des plus sympathiques figures de la rivière.

Nous voici par le travers de l'Ilha da Conceição. Deux igarités viennent d'aval. C'est notre ami Mauricio et M. Bernardino Sobrinho qui se rendent à quelques jours en amont pour traiter je ne sais quelles affaires de caoutchouc.

M. Bernardino Sobrinho a une lettre pour moi, adressée à Miritituba, près Itaituba, Rio Tapajoz, Estados Unidos do Brazil. Que diable?... Voici un peu plus de quatre mois que je n'ai reçu de lettre de personne, ni de France ni d'ailleurs. Oh! l'écriture m'est bien connue : c'est Élisée Reclus qui m'envoie un mot au fond de ces déserts. Merci, mon cher ami, vous êtes de ceux, — combien rares! — qui savent ne pas oublier.... Ne pas oublier... ni les uns, ni les autres!... Exemple à suivre.

Nous avons laissé passer l'heure du dîner, la nuit est venue, nous allons toujours : nous voulons coucher à la Collectoria où nous arrivons à dix heures du soir.

Nous brûlons les étapes. Le friagem, qui sévit à nouveau, nous donne la fièvre. De plus, il règne une brume compacte et glacée qui nous met l'estomac sur les lèvres et nous fait choquer des dents.

Pour Vicente, lui, il est mort, c'est du moins ce qu'on lui apprend comme nous arrivons chez Mauricio. D'aimables et spirituelles personnes sont allées racontant à la femme et à la famille de Vicente qu'il était mort dans le haut de la rivière et le récit fut fait avec un tel luxe de détail que la vraisemblance du malheur devenait une certitude. Aussi la femme, les enfants et le frère du défunt étaient-ils dans la désolation.

Mauricio n'est pas là, mais ses fils vont me conduire jusque chez Cardozo.

Quelles obligeantes personnes que la plupart de ces habitants du Tapajoz! Cardozo me conduit près de chez Mauricio, Mauricio m'emmène chez Paulo Leite, Paulo Leite me monte à Salto Augusto puis me descend chez Mauricio, Mauricio me remet à Saturnino qui me pousse jusqu'à Sete Quédas et me fait descendre chez Moreira; Moreira me fait ramener chez Mauricio qui me fait conduire chez Cardozo, Cardozo me fait poursuivre mon chemin jusque chez Tartaruga qui me fait remettre à Thiago, lequel me fait remettre à Pinto avec qui j'arrive chez Brazil et au vapeur. Certes, il serait de la dernière inconvenance de ne pas savoir reconnaître autrement que par de platoniques remercîments tant de bonnes volontés aussi désintéressées que spontanées, — un proverbe accepté par la sagesse des nations dit que les petits présents entretiennent l'amitié, — toutefois l'esprit hospitalier, généreux, affable, de cette race de l'intérieur du Brésil, — sa serviabilité, — sont, à côté de ces qualités intellectuelles, des qualités de cœur qu'il est du devoir des voyageurs de souligner fortement. Les peuples jeunes qui n'ont que la prétention d'être « habiles », d' « être forts » ne travaillent pas aussi efficacement à leur avenir que ceux qui savent rester franchement sympathiques sans renoncer à l'esprit pratique, à l'indispensable savoir-faire.

C'est Raymundo qui nous conduit avec ses hommes de chez son père au Chacorão, chez Cardozo. La pluie tombe toujours.

Le 19 au soir nous arrivons chez Cardozo, qui, avec son obligeance habituelle, nous arrange un équipage pour nous faire conduire dès le lendemain chez Tartaruga.

Nous déjeunons chez Vicente. Voici le soixante-quatorzième jour que

Vicente était parti de chez lui. Et il passait déjà pour mort. Heureusement qu'il est aujourd'hui bien complètement rétabli de son indisposition chez Paulo Leite.

Je ne puis m'arrêter chez l'ami Vicente, quelque désir que j'aurais de compléter un peu mon vocabulaire mundurucú avec les Mundurucús civilisés qui vivent chez mon pilote. Encore un bon souvenir que j'emporterai avec moi. Ce grand Vicente, haut et sec comme Don Quichotte, grand causeur, très serviable, jamais ennuyé, sachant bien passer en voyage et vivre dans l'abondance là où un autre serait mort de faim, Vicente appartient sans aucun doute à la famille internationale du brave homme bon enfant. Nous nous reverrons, Vicente, si les hasards de ma vie errante me conduisent une autre fois du côté de la terre des Mundurucús.

Nous dormons à la baraque de Tertuliano et le lendemain 21, dans l'après-midi, nous arrivons chez Tartaruga. Manoel Antonio Baptista Tartaruga nous fait conduire chez Thiago Ferreira Leal qui nous conduit chez Pedro da Silva Pinto.

Nous dévalons les puissants estirões de la rivière agrandie. Dès le matin tout est sombre et morne. A midi des bruits étouffés d'orages très lointains tressaillent soudain dans le ciel appesanti. Puis les orages se rapprochent et bientôt il en éclate trois autour de nous. Dans l'après-midi nous allons par la pluie, et le soir, à 7 heures, c'est encore la pluie et l'orage qui nous obligent à nous arrêter à la maison d'amont de Pedro Pinto.

Pedro Pinto descend avec nous jusqu'au vapeur. Il trouve moyen de remplir, par le travers de l'Ilha de Bananal, comme une trovoada s'abattait sur nos igarités et les eaux et les bois d'alentour. C'est beau une trovoada! Pourquoi faut-il qu'on risque d'y perdre la vie et même des marchandises!

Le ciel vous descend très bas sur la tête, en étendant la main il semble qu'on va toucher le rapide défilé des grosses masses nuageuses qui se succèdent en bousculade. De bizarres phosphorescences jettent des tons de soufre et de salpêtre sous le ciel rapetissé. La tension électrique raréfie et refroidit l'air : on ne peut plus respirer et en même temps on a froid. De grands coups de tonnerre que l'on entend sans distinguer dans la lividité ambiante l'éclair qui les a précédés, déchirent les oreilles et font bondir le cœur dans la poitrine oppressée. Il se forme parfois comme des trous, comme des cheminées d'appel dans le cercle mouvant des nuées. D'abord il n'y avait pas d'air et on sentait le froid de la fièvre, maintenant un vent très frais violente en tourbil-

Groupe chez Cardozo.

lonnant les nuées qu'il élargit en tous les sens. Sous les coups redoublés du tonnerre, frissonnante sous les caresses du vent, la rivière qui tout à l'heure semblait s'affaisser sous l'horreur d'un paysage d'enfer, s'enlève à son tour et bondit. Puis la pluie s'excite à tomber et bientôt paraît venir de partout, cinglant en rafales cruelles comme des morsures ; et la primitive avalanche se fait légion et les rafales se multiplient, tantôt suivant horizontalement les ondula-

tions de hautés vagues qui vont s'escaladant follement les unes les autres, tantôt se précipitant en angle aigu, vous mordre les yeux et le visage.

Peut-être un tel spectacle vaut-il un naufrage. Toutefois Pinto en fut quitte
pour quelques marchandises avariées. Quant à nous notre igarité se cabra
follement dans la tourmente, toutes ses membrures gémissaient et quand,
dressée presque tout de son haut elle retombait à plat sur quelque lame soule-
vée du fond l'igarité claquait sinistrement et le flot nous jaillissait des pieds
aux genoux par toutes les voies d'eau agrandies.

Dimanche 29 *décembre*, *5 heures du soir*. — Nous arrivions à Lauritania.
Brazil est là, son associé, Cunha, étant momentanément absent. Voici dix-huit
jours que nous sommes partis de Sete Quédas, et cent vingt-huit que nous
étions partis d'ici pour commencer notre voyage.

L'enseada qui s'étend entre l'île de Lauritania, l'île de Goyana et la terre
ferme de la rive droite, est, à mon sens, appelée à un fort bel avenir. C'est,
d'aval en amont, le terminus de la navigation à vapeur; c'est, d'amont en aval,
la fin des cachoeiras. Quand on a parcouru le Tapajoz jusqu'aux frontières de
Matto Grosso on se demande avec étonnement pourquoi ce point de Goyana-
Lauritania n'a pas été encore utilisé, bien qu'il occupe la position la plus
avantageuse qui soit entre Santarem et Salto Augusto. Cependant la région
commence à se peupler, quelque peu, une dizaine de maisons sont déjà établies
sur le pourtour de l'Enseada de Goyana-Lauritania, — un petit nombre d'habitants du Tapajoz ayant déjà cependant compris ou deviné que, puisque c'est
la section des cachoeiras qui représente la presque totalité de la production
et de la population au Tapajoz, il y avait intérêt à se rapprocher autant que
possible de la première cachoeira de la rivière. Et c'est pour cela qu'on voit
aujourd'hui une dizaine de maisons intelligentes établies dans les îles et en
terre ferme au pied même de la cachoeira de Maranhãosinho.

En plus de la raison de l'ordre économique deux autres particularités plai-
dent fortement en faveur de la région Goyana-Lauritania comme siège du
futur chef-lieu intérieur du Tapajoz paraense : cette région est saine et elle
présente une grande variété de ressources. Itaituba, insalubre et colloquée
dans un territoire uniformément pauvre, régresse au lieu de progresser.
Goyana-Lauritania qui participe déjà au climat beaucoup plus sain ou même

excellent des cachoeiras offre, de l'enseada en amont, une magnifique variété de montagnes, de collines, de furos, de paranas, de lacs et d'excellentes terres qui réservent de précieuses ressources à différentes branches d'agriculture et d'industrie. Position stratégique d'une part, richesse intrinsèque de l'autre : entre Itaituba et Goyana-Lauritania il n'y a pas à hésiter : l'avenir appartient à l'agglomération du bas de la cachoeira et tout Itaituba s'y serait transporté d'ici vingt ans que je n'en serais pas étonné.

Aussi bien cette région de Goyana-Lauritania est-elle colloquée à la limite de deux zones : *le Plateau brésilien, la Plaine amazonienne*. A plus de 3,ooo kilomètres de Pará, Tabatinga, sur la frontière du Pérou, est à peine à 80 mètres au-dessus du niveau de la mer. Salto Augusto, à 1,5oo kilomètres seulement de Pará, est à 45o. C'est que le Tapajoz coule dans le plateau brésilien et non dans la plaine amazonienne. Dans la plaine ce sont les lacs, les marais, les furos périodiquement noyés, les végétations de marécages ; dans le plateau ce sont des montagnes et des collines aux aspects variés avec une terre généralement passable ou assez bonne.

Goyana-Lauritania est sur la frontière de l'Amazonie et du plateau Brésilien. En amont ce sont des terres hachées de cachoeiras et de saltos, et la cachoeira de Maranhãosinho inclus à Salto Augusto inclus ce sont 37 *groupes de cachoeiras et de saltos*, groupes dont quelques-uns comme Chacorão ou Capoeiras se subdivisent chacun en plusieurs travessões distincts : 9 pour Chacorão, 9 pour Capoeiras.... En aval c'est la navigation libre, facile, ouverte avec le reste du monde. Quand le Tapajoz aura acquis l'importance que lui réserve sa position générale, son climat et ses richesses naturelles, la capitale de la « Tapajonia » sera à Goyana-Lauritania.

Derniers jours. — Ici finit mon voyage au Tapajoz.

C'est le 2 janvier, à 11 heures du soir, que nous prenons le vapeur à Bella Vista chez Raymundo Brazil.

Le 7 janvier à midi nous rentrons à Pará.

Conclusions. — *Les deux « Contestés » Paraenses au Tapajoz.* — On sait qu'il subsiste encore, sur différentes frontières de l'État de Pará, des régions litigieuses. Le plus connu de ces territoires contestés est celui qui est en litige avec la Guyane française, territoire que les deux noms de Counani et de Mapa marquent au coin d'une célébrité partie grotesque, partie tragique. Outre le territoire contesté avec la Guyane française, l'État de Pará a aussi deux régions litigieuses avec l'État de Amazonas, l'une, au nord, entre Trombetas et Jamundá, et l'autre dans les parages du Tapajoz et du Alto Tapajoz. Enfin avec l'État de Matto Grosso existe le « Contesté » dont nous nous sommes occupé plus haut.

Pour ce qui est du Contesté entre Pará et Amazonas au Tapajoz, — bien que je n'aie été aucunement commissionné pour traiter de cette question, — qu'il me soit permis, tout accidentellement et en terminant ce travail, de donner une opinion toute personnelle et qui ne saurait évidemment engager en rien le gouvernement de l'État de Pará.

Si je suis bien renseigné, Pará demanda, dans la région du Tapajoz, comme frontière avec Amazonas, une ligne droite tirée de la Serra de Parintins au confluent du São Manoel. De son côté Amazonas demande comme frontière le méridien de Parintins jusqu'à la rencontre du Tapajoz, puis le Tapajoz comme limite.

M'appuyant sur ce fait que les affluents de gauche du Tapajoz, peu importants d'ailleurs, sont peuplés exclusivement par les Paraenses, les Amazonenses ne s'y étant jamais portés, il me semble qu'il serait logique de choisir comme frontière une ligne qui, partant de la Serra de Parintins serait celle du partage des eaux entre le Tapajoz et les affluents supérieurs de l'Amazone, il en attendrait un peu plus dans la région intérieure ; Pará et Amazonas y gagneraient d'avoir pour même frontière avec Matto Grosso une ligne déterminée par la position véritablement très importante de la plus grande chute du Tapajoz : Salto Augusto.

Et même, si j'étais consulté, je proposerais purement et simplement, en raison de l'importance de Salto Augusto, comme limite entre Pará et Amazonas d'une part et Matto Grosso de l'autre, le parallèle de Salto Augusto jusqu'à l'Araguaya et jusqu'à la Madeira ; sauf toutefois les modifications légères que pourraient apporter à ce tracé certains accidents géographiques importants qui, se trouvant près du parallèle de Salto Augusto sans se trouver exactement sur cette ligne, devraient, cependant être choisis de préférence, tels, que par exemple, la Cachoeira das Sete Quédas, qui bien que ne se trouvant pas tout à fait exactement sur la parallèle de Salto Augusto, mais à quelques minutes de là, devrait cependant être adoptés comme point limite.

La pénétration de l'intérieur et l'estrada des cachoeiras. — Il est inutile de répéter ici ce que nous avons dit plus haut au sujet de ce que présentait de trop local, d'insuffisant ou même d'inutile, une estrada nouvelle contournant, rive droite ou rive gauche, avec quelque esprit pratique qu'on pourrait apporter à l'opération, les cachoeiras de Maranhãosinho à Buburé.

L'avenir de Pará. — Pará est assez grande ville, sa situation financière est assez prospère, la progression de son développement est assez rapide, pour que Pará étende ses ambitions au delà de ses aspirations actuelles. Être reliée par des lignes de vapeur avec le reste du monde, faire pénétrer le télégraphe jusqu'au centre de l'Amazonie, sont des ambitions déjà satisfaites. Communiquer avec le sud et le sud-ouest du Brésil, à travers les territoires aujourd'hui déserts du centre; prévoir pour ces prairies et ces hauts plateaux tempérés de l'extrême sud-ouest paraense une ère prochaine de colonisation par l'immigration; préparer par l'étude et la colonisation les voies à un chemin de fer de Pará aux Andes qui sera l'œuvre des premières décades du siècle prochain : voilà les destinées avec lesquelles Pará arrivera peu à peu à se familiariser. Pará débouché fluvial et terrestre de la vallée et des plateaux de l'Amazone, Pará assurée à cause de ses prairies et de ses hautes terres d'être toujours un domaine de race aryaque, Pará déjà si passionnément éprise de science, de lettres et d'art, peut à bon droit être impatiente de voir se dérouler les tableaux successifs de ses magnifiques destinées.

Qu'il soit permis toutefois à un modeste voyageur, qui a quelque peu parcouru les vastes régions de l'Amazonie du nord et du sud, d'insister sur la nécessité qui s'impose aujourd'hui d'étudier particulièrement l'Amazonie maritime : l'État de Pará. Pará est le débouché commercial de même que, dans un autre sens, il sera l'entrepôt des émigrants, pour la moitié de l'Amazonie la plus rapprochée des marchés et des centres de population de l'Europe et de l'Amérique du nord. Pará, plus peuplée, plus riche, a le devoir de prendre les grandes et audacieuses initiatives qui peu à peu feront de la région amazonienne la reine des régions équatoriales, un milieu de production riche et variée, un centre éclatant et attractif de civilisation.

« Connaître et faire connaître. » Il est certain que si Pará s'applique avec fermeté et persévérance cette devise, cette ville, cette terre, pour lesquelles l'avenir commence à se révéler si brillant, verront se précipiter leurs destinées, que tout présage heureuses et magnifiques.

Quant à moi, je terminerai ce chapitre et ce volume en « faisant reconnaître » par le procédé, hélas! le plus sec, mais qui cependant reste encore le meilleur, — par les chiffres, — par divers tableaux statistiques et par des vocabulaires de langues indigènes, divers points, divers sujets qu'il m'a été donné d'étudier quelque peu pendant ce voyage.

Je donnerai successivement :

Tableau de la population,

Altitudes barométriques,

Longitudes et Latitudes,

Météorologie (Pluies et orages),

Dialectes (Mauès, Apiacá, Mundurucú).

CHAPITRE X

TABLEAUX STATISTIQUES. — Tableaux de la population. — Altitudes barométriques. — Longitudes et latitudes. — Météorologie (pluies et orages). — Dialectes (Maues, Apiacá, Mundurucú).

ÉVALUATION APPROXIMATIVE

DE LA

POPULATION CIVILISÉE DES RIVES DU TAPAJOZ

AU-DESSUS D'ITAITUBA

DÉSIGNATION	NOMBRE DE MAISONS	NOMBRE D'HABITANTS
Ponta Saracura	2	10
Paranamirim do Curral	7	35
Païny	2	10
João do Matto	1	5
Primoto	3	15
Barreirinha	4	20
Ponta Alegre	1	5
Fazendinha	1	5
Goyana	4	30
En face de Goyana (rive droite)	2	10
Bella Vista (Raymundo Brazil)	2	10
Bernardino Sobrinho	1	10
A REPORTER	30	165

DÉSIGNATION	NOMBRE DE MAISONS		NOMBRE D'HABITANTS
Report.	3o	Report.	165
Marcolino.	1	. . . .	5
Raymundo Brazil (rive gauche)	1	. . . .	3
Joaquim Cunha	1	. . . .	10
João Augusto	1	. . . .	5
Delphino	1	. . . .	5
Gervasio	1	. . . .	5
Boaventura	3	. . . .	12
Trovão.	1	. . . .	5
Apuhy	1	. . . .	4
Manoelzinho.	1	. . . .	4
Paulo Pires.	1	. . . .	5
Barboza	1	. . . .	5
Leonardo.	1	. . . .	5
Gente do Braulino	1	. . . .	5
Buburé (A. L. Brazil)	1	. . . .	5
Mendonça Abitibó.	1	. . . .	5
Antonio Bahia.	1	. . . .	5
Funteiro	1	. . . .	4
Camillo Moreira	1	. . . .	6
João Gomes.	1	. . . .	10
Casa.	1	. . . .	5
Vicente Florencio	1	. . . .	5
Saraïva.	1	. . . .	5
Maciel (Gualdino)	2	. . . .	20
Augusto da Costa	2	. . . .	40
Alfredo Lopes.	1	. . . .	5
Cosme	1	. . . .	5
Braulino	1	. . . .	10
Lelio Lobato	1	. . . .	4
Aprigio.	1	. . . .	4
Tampa.	1	. . . .	4
Antonio Pianhy	1	. . . .	4
Luciano	1	. . . .	4
Tampa (Bomfim).	3	. . . .	20
Tucunaré.	1	. . . .	15
Casusa Rocha.	1	. . . .	15
A reporter.	72	A reporter.	243

DÉSIGNATION	NOMBRE DE MAISONS		NOMBRE D'HABITANTS
REPORT.	72	REPORT.	243
Januario Rocha	1	. . . .	30
Casa	1	. . . .	4
Manoel Pesqueiro	2	. . . .	10
Manoel Gomes	1	. . . .	5
Héritiers Fortunato Gonçalves.	1	. . . .	5
Cascavella	1	. . . .	5
Pinheiro	1	. . . .	5
Casa (Chapéo de Sol)	1	. . . .	5
José Pereira Brazil.	2	. . . .	15
Fechos.	1	. . . .	5
Ubiriba.	1	. . . .	5
Athanasio.	1	. . . .	5
Acará	1	. . . .	4
Antonio Alves.	1	. . . .	6
Lourenço.	1	. . . .	4
Raymundo Braga.	1	. . . .	4
Manoel Paulo	1	. . . .	4
Vicente.	1	. . . .	4
J. M. Castello Branco	1	. . . .	4
Cobre et Pimenta	1	. . . .	12
Casa (Ponte do Bordeaux).	1	. . . .	4
Casa da Ponta do Jutahy	1	. . . .	4
Manoel dos Santos.	1	. . . .	5
José Firmino Carinho	1	. . . .	5
Machado	1	. . . .	5
André Lino.	1	. . . .	5
Antonio Marinho	1	. . . .	5
Firmino Duarte Guedes Puraké	1	. . . .	8
Manoel Serão.	1	. . . .	4
Chico dos Santos.	1	. . . .	5
Chico et 2 Seringueiros.	3	. . . .	10
Pedro da Silva Pinto.	6	. . . .	30
João Mulato.	1	. . . .	4
Verissimo.	1	. . . .	4
Manoel Grande	1	. . . .	4
Chicó	1	. . . .	4
A REPORTER.	117	A REPORTER.	490

DÉSIGNATION	NOMBRE DE MAISONS		NOMBRE D'HABITANTS
REPORT.	117	REPORT.	490
José Barboza	2	. . . .	6
Vicente.	1	. . . .	4
Manoel Campos (Bom Jardin)	1	. . . .	6
Nunes	1	. . . .	4
Nunes (Cuatacuara).	1	. . . .	6
Virginio	1	. . . .	5
Thiago	1	. . . .	8
Nunes (Cantagallo).	2	. . . .	6
Cantagallo (Seringueiro).	1	. . . .	3
Germana	1	. . . .	5
Seringueiro.	1	. . . .	3
Chico Maluco	1	. . . .	6
Leopoldo Campos	1	. . . .	8
Quintiliano	1	. . . .	4
José Ramos.	1	. . . .	4
Felisberto	1	. . . .	4
José Fernando Carvalho Cufá	1	. . . .	4
José Leão	1	. . . .	3
Belisario de Castilho.	1	. . . .	6
Guerra.	4	. . . .	20
M. A. Baptista (Tartaruga)	6	. . . .	30
Felicissimo	1	. . . .	4
Camargo	1	. . . .	4
José Mendes-Martins.	1	. . . .	4
Cabetutú (Ilha do).	2	. . . .	6
Sáe Cinza Nova.	2	. . . .	10
Sáe Cinza Velha.	3	. . . .	12
Manoel dos Santos.	1	. . . .	4
Faustino Marinho	1	. . . .	5
Mariano da Silva Baptista.	1	. . . .	4
João Capistrano	1	. . . .	4
Ilhas do Curral	2	. . . .	6
Ponta das Piranhas	1	. . . .	4
Vito	1	. . . .	3
Evaristo	1	. . . .	3
Tertulliano	1	. . . .	2
A REPORTER.	168	A REPORTER.	710

DÉSIGNATION	NOMBRE DE MAISONS		NOMBRE D'HABITANTS
REPORT.	168	REPORT.	710
Sarmento.	1	. . . .	2
João Caetano	1	. . . .	3
Ponta do Guarany.	1	. . . .	3
Ribeiro Irmãos	1	. . . .	8
Chico Ribeiro.	1	. . . .	8
Augusto Ribeiro.	2	. . . .	10
André Lino.	1	. . . .	4
Joaquim Correa (São Domingos)	1	. . . .	8
Francisco Antonio da Silva	1	. . . .	4
Vicente Teixeira Castro.	1	. . . .	5
José Cearense.	1	. . . .	3
Carmelino Ribeiro.	1	. . . .	5
Eduardo	1	. . . .	3
J. L. Cardozo.	4	. . . .	15
Joaquim Mamede	1	. . . .	4
Manoel Fabricio de Souza.	1	. . . .	5
Manoel Carapina.	1	. . . .	4
Clementino Simão de Guerra	1	. . . .	3
Ilha S. Gaspar	1	. . . .	3
Mauricio Rodrigues da Silva	1	. . . .	15
Antonio José Affonso	1	. . . .	3
Maria Felicia Garcia (Ilha Samahuma). .	1	. . . .	5
Gustavo	1	. . . .	3
Francisco José Vieira (I. Tucano) . . .	1	. . . .	4
Ignacio Barrozo (R. G.)	1	. . . .	10
Caetano da Silva (Ilha do Curucú. . . .	1	. . . .	4
José Antonio da Silva (id.)	1	. . . .	4
Marcos Motta (id.)	1	. . . .	6
Manoel Benedicto da Cunha (id)	1	. . . .	4
Maria Margarida de Oliveira (I.Trinidade)	1	. . . .	6
José Miranda (I. do Cururú).	1	. . . .	6
João Pereira (r. d.)	1	. . . .	4
TOTAL.	204	TOTAL.	884

ÉVALUATION APPROXIMATIVE

DE LA

POPULATION CIVILISÉE DES RIVES DU ALTO TAPAJOZ

JUSQU'A SALTO-AUGUSTO

DÉSIGNATION	NOMBRE DE MAISONS		NOMBRE D'HABITANTS
Emygdio Baptista	1	. . . .	4
Manoel Ventura.	1	. . . .	4
Gonçalo	1	. . . .	4
Casimiro	1	. . . .	3
Candido Pinto.	1	. . . .	3
Roca.	1	. . . .	3
Paulo Leite.	3	. . . .	25
Paulo Leite (Seringueiros du S. Thosné)	0	. . . .	25
Antonio Pereira Mendes.	1	. . . .	3
TOTAL	10	TOTAL.	74

ÉVALUATION APPROXIMATIVE

DE LA

POPULATION CIVILISÉE DES RIVES DU SÃO MANOEL

JUSQU'A LA CACHOEIRA DAS SETE-QUÉDAS

DÉSIGNATION	NOMBRE DE MAISONS		NOMBRE D'HABITANTS
João Pereira	I	. . . .	4
João da Silva Tavares	I	. . . .	6
Manoel Pedro.	I	. . . .	3
Gabriel d'Almeida.	I	. . . .	3
João Eduardo Martins	I	. . . .	4
Francisco José das Chagas	I	. . . .	4
João Bernardo	I	. . . .	3
Gonçalves Norato.	I	. . . .	3
Boaventura Pereira da Costa	I	. . . .	4
Manoel de Arruda.	I	. . . .	3
Francisco de Paula.	I	. . . .	3
Affonso Carlos Pereira.	I	. . . .	5
José Lourenço Cardozo.	I	. . . .	3
Crispim Rodrigues da Silva.	I	. . . .	3
João Meirelles	I	. . . .	4
Josué	I	. . . .	3
Casimiro Vicente Pereira.	I	. . . .	6
João Lopes	I	. . . .	3
Saturnino Carlos Pereira	I	. . . .	10
Marciano.	I	. . . .	3
Manoel Cardozo.	I	. . . .	3
A REPORTER.	**21**	**A REPORTER. . . . .**	**83**

DÉSIGNATION	NOMBRE DE MAISONS		NOMBRE D'HABITANTS
REPORT.	21	REPORT.	83
Emiliano	1	. . . .	4
Laurindo José Francisco da Silva . . .	1	. . . .	15
João Cardozo dos Santos.	1	. . . .	3
Guilhermino	1	. . . .	3
José Francisco Moreira.	1	. . . .	5
Marcelino Moreira.	1	. . . .	3
Manoel Francisco Xavier.	1	. . . .	3
Benedicto José dos Santos	1	. . . .	4
Manoel Francisco Barata.	1	. . . .	4
Paulino José dos Santos	1	. . . .	5
Gervasio José dos Santos.	1	. . . .	5
Antonico Bentes.	1	. . . .	15
TOTAL.	33	TOTAL.	152

ÉVALUATION APPROXIMATIVE

DE LA

POPULATION CIVILISÉE DE L'INTÉRIEUR DU BASSIN DU TAPAJOZ

AU-DESSUS D'ITAITUBA

Igarapé do Capituan.	50
Igarapé do Mambuahysinho.	500
Janamaxim. — Tiocantins. — Aruri	800
Igarapé Urubutúsinho	10
Igarapé Urubutú grande	70
Rio Crepory.	200
Rio das Tropas	50
TOTAL.	1680

ÈVALUATION APPROXIMATIVE

DE LA

POPULATION DES INDIENS MUNDURUCUS

1° TAPAJOZ

DÉSIGNATION	NOMBRE DE MAISONS	NOMBRE D'HABITANTS
Matheus	1	10
Maloca Velha	1	5
Claudino (Cuatacuara).	1	10
Ignacio (id.)	1	10
Salvador (id.)	1	50
Erapichi (Periquito)	1	10
Francelino Nogueira Guedes (Chacorão).	1	5
Comprido.	1	15
Porto Velho.	1	4
Pedro (Capoeiras)	1	6
José (id.)	1	8
Gabriel (id.)	1	8
Diego (id.)	1	8
Constancio et Pancracio (id.).	1	8
Cassiano (id.)	1	4
Gregorio (id.)	1	4
Raulino (id.)	1	4
Caetano (id.)	1	4
TOTAL.	18	TOTAL. 173

2° AFFLUENTS DU TAPAJOZ

DÉSIGNATION	NOMBRE DE MAISONS	NOMBRE D'HABITANTS
Igarapé do Ingapó Assú	1	30
Igarapé do Cantagallo (Maribaxi). . . .	1	20
Igarapé do Matheus	1	15
Rio das Tropas	3	30
Igarapé Pixuna	1	10
Igarapé do Cururú .	7	700
Cururú-Caderiry . . . . . . ·. .	5	300
TOTAL.	19	TOTAL 1105

3° ALTO TAPAJOZ

	NOMBRE DE MAISONS	NOMBRE D'HABITANTS
Matheus	1	10
Antonico	1	15
Filippe	1	8
Miguel Moreira	1	4
Pedro Moreira	1	3
Curapichi	1	12
TOTAL.	6	TOTAL 52

4° AFFLUENTS DU ALTO TAPAJOZ

	NOMBRE DE MAISONS	NOMBRE D'HABITANTS
Igarapé Bararaty	2	20

5° SÃO MANOEL

	NOMBRE DE MAISONS	NOMBRE D'HABITANTS
1re Maloca	1	12
2e Maloca	1	12
3e Maloca	1	15
4e Maloca (Nicolao)	1	10
TOTAL.	4	TOTAL 49

6° SUCUNDURY

	NOMBRE DE MAISONS	NOMBRE D'HABITANTS
Une Maloca	1	30
TOTAL GÉNÉRAL . . .	50	TOTAL GÉNÉRAL 1429

ÉVALUATION APPROXIMATIVE

DE LA

POPULATION DES INDIENS APIACÁS

DÉSIGNATION	NOMBRE DE MAISONS		NOMBRE D'HABITANTS
João Corrêa.	I		25
José Gomes.	I		25
Benedicto.	I		20
Bananal Grande.	I		10
Igarapé da Cabeceira do S. Florencio	I		20
TOTAL.	5	TOTAL.	100

STATISTIQUE GÉNÉRALE

DE LA

POPULATION DU TAPAJOZ

AU-DESSUS D'ITAITUBA

Civilisés des rives du Tapajoz.	1080
Civilisés des rives du Alto Tapajoz.	73
Civilisés des rives du S. Manoel.	152
Civilisés de l'intérieur.	1680
TOTAL DES CIVILISÉS.	2985
Indiens Mundurucús	1460
Indiens Apiacás	100
TOTAL DES INDIENS	1560
TOTAL GÉNÉRAL.	4545

HAUTEURS (ALTITUDES BAROMÉTRIQUES)

BAROMÈTRE ALTIMÉTRIQUE NAUDET

LIEU DE L'OBSERVATION	TEMPÉRATURE A L'OMBRE	HAUTEUR TROUVÉE	DATE	HEURE DE L'OBSERVATION
Haut de l'Apuhy.	29°	280 mètres	28 août	
Embouchure du Cururú. . . .	27° 1/2	374 —	29 novembre	
Confluent du São Manoel . . .	25° 1/2	374 —	30 novembre	5 h. soir
Confluent du São Manoel . . .	28°	378 —	27 —	5 h. soir
Paulo Leite	31°	382 —	20 —	
Bas São Simão	35°	388 —	19 —	
Haut São Simão	30°	394 —	19 —	
Benedicto.	26° (tempête)	412 —	8 —	3 h. soir
Benedicto.	23°	396 —	9 —	6 h. mat.
São Florencio	29°	396 —	9 —	
Mizericordia.	30°	400 —	10 —	
Mizericordia.	33° 1/2	406 —	18 —	4 h. soir
Santa Iria.	30°	410 —	18 —	
São Raphaël.	29°	415 —	18 —	
São Gabriel.	26° 1/2	420 —	18 —	
São Lucas	32° 1/2	428 —	17 —	
Ondas	33°	435 —	17 —	
Salsal	30°	442 —	17 —	
Salto Augusto (en bas du saut).	32°	458 —	15 —	1 h. soir
Salto Augusto (en bas du saut).	35°	460 —	00 —	midi
Salto Augusto (en haut du saut).	35°	475 —	00 —	2 h. soir

LONGITUDES ET LATITUDES

MÉTÉOROLOGIE

PLUIES ET ORAGES

LIEU	DATE	HEURES
Apuhy.	28 août	5 h. 3o matin, orage et pluie ; 5 h. 3o du soir, orage et pluie.
Buburé	5 septembre	3 h. à 5 h. du matin, orage et pluie ; 3 h. à 5 h. du soir, orage et pluie.
Buburé	6 —	9 h. du soir, orage et pluie.
Mangabal Grande.	13 —	5 h. du soir, orage ; nuit d'orage et de pluie
Ilha do Ingapó Assú.	15 —	2 h. du soir, orage.
Cuatacuara.	16 —	5 h. du soir, orage et pluie.
Cuatacuara.	18 —	4 h. du matin, pluie.
Cantagallo.	19 —	2 h. du matin, orage et pluie.
Chacorão (Cardozo)	27 —	5 h. du soir, orage et pluie.
Chacorão (Cardozo)	28 —	2 h. du soir, orage et pluie.
Chacorão	1er octobre	5 h. à 6 h. du matin, pluie ; 7 h. à 8 h. orage et pluie ; 8 h. du soir, orage.
Ponta da Baunilha.	9 —	1 h. à 3 h. du soir, orage.
Aïri.	10 —	3 h. à 4 h. 3o soir, deux orages et une trovoada.
Meia Carga.	11 —	6 h. du soir, orage.
São Benedicto.	12 —	2 h. du soir, pluie fine ; 2 h. 3o à 4 h. du soir, orage lointain.
Pesqueirinho (Mauricio) . . .	13 —	2 h. 3o à 5 h. du soir, orage et pluie aux environs ; 6 h. du soir orage et pluie.
Pesqueirinho (Mauricio) . . .	14 —	5 h. 3o à 6 h. 3o du soir, deux orages et pluie violente ; 8 h. du soir, orage.

22

LIEU	DATE	HEURES
Pesqueirão.	15 octobre	3 h. 3o du soir, orage, 9 h. à 10 h. 3o du soir, trovoada et forte pluie.
Samahuma. . . . . et	16 —	4 h. 3o du soir, orage et pluie.
Collectoria.	18 —	8 h. 3o à 10 h. du soir, orage et pluie.
Ilha da Maloca.	19 —	12 h. 3o à 3 h. du soir, orage, trovoada sans pluie.
Ilha do Macaco	21 —	12 h. à 1 h. du soir, orage et pluie.
Goyabal	22 —	3 h. à 5 h. du matin, pluie ; 7 h. à 8 h. du matin, orage et pluie.
Enseada do São Thomé . . .	23 —	Midi, pluie.
Paulo Leite.	25 —	12 h. orage et pluie ; 12 h. à 5 h. orage lointain.
Paulo Leite	26 —	6 h. à 9 h. du matin, orage lointain.
Paulo Leite	2 novembre	5 h. du matin à 12 h., pluie.
Paulo Leite.	4 —	3 h. du matin à 10 h., pluie.
José Gomes..	5 —	3 h. du soir, orage.
José Gomes..	7 —	6 h. du matin, pluie.
Benedicto	8 —	6 h. du matin, pluie ; 1 h. du soir, orage ; 3 h. à h. du soir, trovoada ; 4 h. à 6 h. du soir, pluie.
Bananal Grande	9 —	6 h. à 8 h. du soir, orage et pluie.
Canal do Inferno	10 —	6 h. du soir, orage ; 9 h. du soir, orage et pluie ; 9 h. 3o à 11 h. du soir, pluie.
São Raphael.	12 —	1 h. à 9 h. du matin, pluie.
Rebujo	13 —	6 h. à 10 h. du soir, pluie.
Furnas	14 —	11 h. du matin, pluie ; 5 h. du soir, trovoada ; 5 h. 3o à 6 h. du soir, pluie.
Paulo Leite.	21 —	1 h. à 5 h. du matin et de 9 h. à 11 h. du matin, pluie.
Paulo Leite.	22 —	1 h. à 2 h., 3 h. à 4 h., 8 h. à 11 h. soir, pluie.
Paulo Leite.	24 —	1 h. du matin à 3 h. du soir, pluie.
Paulo Leite	25 —	2 h. à 3 h. du soir, trovoada et pluie.
Pesqueirão.	29 —	11 h. du matin à 12 h. orage et pluie.
Embouchure du São Manoel..	30 —	1 h. du soir, orage lointain.
Boaventura.	1er décembre	4 h. 3o du soir, orage et pluie.
Barata.	6 —	2 h. du soir, pluie.
Ilha da Alagação	8 —	5 h. du matin à 12 h., pluie.
Jahú	12 —	3 h. à 5 h. du soir, pluie.

LIEU	DATE	HEURES
Jahú	13 décembre	5 h. à 6 h. du matin, pluie.
Saturnino	15 —	5 h. à 6 h. du matin, pluie.
Collectoria.	17 —	3 h. à 6 h. du matin, pluie.
Capoeiras	18 —	8 h. du matin à 1 h. du soir, pluie.
Chacórão	19 —	8 h. à 11 h. du matin, pluie.
Tartaruga	21 —	5 h. 30 du soir, orage et pluie.
Cuatacuara	24 —	10 h. du matin à 2 h. du soir, trovoada et pluie.
Ilha do Iugapó Assú.	24 —	8 h. du soir, orage et pluie.
Lauritania	1er janvier 1896	8 h. 30 du soir, orage et pluie.

CHAPITRE XI

DIALECTES. — Mauès. — Apiacá. — Mundurucú.

DIALECTE MAUÈS [1]

Ciel	Atipó.
Nuage.	Ouaaté.
Vent.	Eouétou.
Soleil	Aat.
Jour.	Ihouadac.
Matin	Ihouadac pohi.
Nuit	Ouandème.
Lune	Ouaaté.
Étoile	Ouaïkire, ouaïkire ouató.
Les Pléiades	Mapoui.
Hiver	Jamane éat.
Pluie	Jamane.
Feu.	Mérémérébé.
Tonnerre	Ouedouató.
Le froid	Totomorac.
Terre, sol	Rhy.
Sable	Eocoï.
Pierre.	Nó.
Roche.	Nó aherem.
Savane	Eahing.
Montagne	Ouitog.
Forêt	Gnaá.
Eau.	Eueuh.
Sel	Oket.
Crique, ruisseau	Euh idi.
Chemin, sentier.	Mohap.

1. Ce dialecte a été pris avec le Maues Lourenço. — (Manoel Lourenço da Silva) — habitant Montanha (Tapajoz). — Ce Lourenço est pilote pour les cachoeiras voisines, et, paraît-il, fils ou petit-fils de vrais *tuxáus*.

Feu.	Arié.
Flambeau	Arié-andé.
Allumettes	Arié-aoui.
Bonne nuit !	Ahuandée aïco !
Comment as-tu passé la nuit ?.	També érécossa ?
Bonjour	Ehodac.
Mon frère	Ihanigné.
Femme	Onianié.
Jeune garçon.	Giracat.
Jeune homme	Ouidadère.
Tu es jeune	Nambi optire.
Jeune.	Macouptire.
Vieux, vieillard.	Ahaïvod.
Père	Ouiévod.
Mère	Oouiteh.
Sœur	Ohéinet.
Frère	Ouikéouet.
Fils.	Ohaló.
Fille	Ohakiet.
Femme, épouse.	Oïvare.
Parents	Ovouéï.
Comment vous portez-vous ?	Aïcotan érécossa ?
Je ne me porte pas bien.	Aricossa ouaïté i.
Je suis mieux.	Eré i catou.
Maison.	Egnétat.
Chemin	Moa.
Les blancs	Caraioues.
Les nègres.	Tapayounes.
Le chef	Tuxáu.
Faire la guerre.	Tamamboué ahat.
Se tuer	Toatououc.
Dieu	Toupane.
Le Dieu des Indiens.	Aïcaaïvat.
Il est mort.	Icooró.
Je ne sais ce que tu dis	Erético avit.
Tête.	Oyaket.
Cheveux.	Oyatsap.
Œil.	Ohéha.
Nez.	Oyangouat.
Oreille.	Ouihapé.
Bouche	Oouiven.

Langue	Oouincó
Dents	Ohanh.
Barbe	Ouimènsá.
Bras.	Oyiëké.
Main	Ouipapouió.
Doigt	Ouipougne.
Ongle	Ouipo éhampé.
Lait.	Hémi.
Ventre	Hunméa.
Pied	Oouipoui.
Blessure	Képihi.
Ivresse, ivre	Hémahipot.
Malade	Iahó.
Sommeil	Toket.
Maison	Gnéétap, mougnétap.
Tapir	Ouéouatá.
Qu'est-ce que tu vas nous faire manger? .	Aréto ouhé oura ouet ?
Poisson	Pirá.
Hameçon	Piná.
Canot	Canahi.
Pagaye	Époucouita.
Abatis (roça)	Nouá.
Manioc	Manihoc.
Cassave	Mane.
Farine	Ooui.
Tapioca	Manihare.
Cachiri	Caciri.
Maïs	Aouati.
Cachiri de maïs	Aouati-pot.
Cachiri doux	Tarouba.
Un	Endoup.
Deux	Tépoui.
Trois	Mouéèn.
Quatre	Tépoui ouévo.
Cinq	Ouindé canomorani.
Boucan	Éoparacaye.
Marmite (grande)	Ouanan.
Marmite de cuisine	Mion-ongue.
Bouillon	Ihé.
Hotte	Courivou.
Coton filé	Amonki souap.

Hamac	Éni.
Arc.	Morèouat.
Flèche.	Morè.
La grosse flûte.	Ouhou.
Perles.	Tassourou.
Cigare indien.	Sovó.
Tabac en carotte	Sovó mouri.
Couteau	Kicé.
Sabre	Péréeup.
Hache.	Ihouihap.
Fusil	Moucawe.
Poudre, munitions	Mouçakoui.
Étoffes	Socpé.
Hameçon	Pina.
Miroir.	Ouarouá.
Peigne.	Keuouá.
Peigne fin	Keuouá pououi.
Tafia	Maheuh.
Cabiai (capinara)	Capiouare.
Chat	Piçane.
Chien	Aouaré.
Cochon marron.	Hamaot.
Couata	Touahá.
Loutre	Apá.
Macaque.	Hanoan.
Paka . . . . . . ¿	Pahe.
Singe rouge	Aoueukeu.
Tapir	Ouéouató.
Tigre	Aouiató.
Agami.	Ooré.
Ara.	Hanoone.
Canard	Ipeuk.
Coq, poule.	Ouaïpacá.
Perdrix (inamou)	Oriri.
Perruche	Ahore.
Toucan	Gnongeane.
Urubu.	Ouroubou.
Maraye (jacu)	Mouégnon.
Poisson	Piɤa.
Coumarou	Pacou assou.
Aymara	Aouarépore.

Tucunaré	Aïtoouembore.
Pacou.	Pacou.
Raie	Otipè.
Souroubi.	Souroubi.
Serpent	Moye.
Serpent grage	Amoungaouare.
Caïman	Ouatsou.
Jacaré tinga	Ouatsou ket.
Iguane	Sénémoui.
Tracaja	Ouaouiriouato.
Fourmi	Saari.
Formigo de fogo	Saari corane.
Carapana	Ouantion.
Pioes	Oupió.
Arbre.	Ioui-téog.
Racine	Ioui-pohot.
Feuilles	Répap-oui.
Fleur	Ipoheret.
Fruit	Cadéadéouá.
Caoutchouc	Siringa.
Mani (bréo)	Étenhé.
Acajou	Caçou.
Bâche (Miritis)	Mombi poucou païa.
Carapa	Canahé.
Paxurba.	Paandi.
Pinot	Ouassèye.
Anahyzal	Ouassèye-pihé.
Igname	Aouayá.
Liane	Iripó.
Patate douce.	Ouriourou.
Maïs	Aouati.
Roucou.	Ouaacap.
Génipa	Ouañhop.
Inga	Mokie.
Ananas	Amandá.
Banane	Pacoa.
Haricots.	Coumaná.
Papaye	Mamon.
Piment	Moucè.
Acajou (pomme)	Cazou.
Moi.	Ouitó

Toi	Éné.
Lui	Mii.
Eux	Vévouaré.
Mon couteau	Ohé kicé.
Ton couteau	É kicé.
Son couteau	Iatéé kicé.
J'ai un couteau	Ohé kicé togne.
Tu as un couteau	É kicé togne.
Il a un couteau	Iaté kicé togne.
Il y a à manger	Imio ouampé.
Il y a à manger là-dedans	Taon imio ouampé.
C'est mensonge	Iatoué só.
C'est vrai	Poui i ouó.
Aujourd'hui	Méço.
Hier	Gnaatpó,
Demain	Monguité.
Après demain	Hécouécaye.
Vite!	Mérébi.
D'ici à peu de temps	Mécorambore.
Lentement	Ehépame.
Beaucoup	Ipoït.
Peu	Ton, Icorine.
Assez, c'est assez	Ouaacou toadente.
C'est bon	Été réké héracoat.
C'est joli	Eté réké icahe orocoat.
C'est laid, laid	Ipoïté.
Blanc	Ikédoc.
Bleu	Iherep.
Rouge	Ihoup.
Noir	Hônte.
Long	Iéouop.
Pas long	Iantot.
Amer	Nop.
Doux	Héaye.
Aigre	Hagnon.
Dur	Ihaigne.
Pas dur	Eurihaigne.
Fâché, colère	Ipouéhac.
Fatigué	Oyahét.
Il est fort	Het saïké.
Il est faible	Ene het saïkć.

Gras	Ihan-idé.
Ivre.	Iouambée.
Loin	Ipouiabó.
Pas loin	Ipouiahy.
Maigre	Icanémode.
Mauvais, pas bon à manger.	Ipoui ahac tocat enemit caoué.
Qui sent mauvais	Icamehi.
Pesant.	Ipotih.
Petit	Coringuadé.
Peureux	Guènehat.
Pas peureux	Iétoguenhé.
Voleur.	Moké.
Je veux acheter un hamac.	Até heuyé déni.
J'aime le tafia	Ahé éco maheuh.
Je n'aime pas le taffa	Era natéco sudé.
J'aime le poisson	Pira tocoo.
Je vais à l'abatis.	Aréta noo ca pé.
Mettre le timbo.	Ocotoc taouira ouaté.
Le timbó.	Oocó.
Je vais à l'abatis, mettre le timbo. . . .	Aréta noo ca pé ocotoc.
Le chemin du port	Moamp oap.
Chemin	Moan.
Port	Oap.
Pomme liane (Maracuja)	Murucujá.
Il est arrivé du monde ici	Müye touénon émeyombé.
Il y a beaucoup de marchandises	Mipale ipa ité.
Je n'ai pas de femme	Yetcat ioïvaré.
Je n'ai pas d'enfant	Yetcat oakiet.
J'ai besoin d'une femme	Essa doné aneu atekeu.
J'ai soif	Aré éotchi.
J'ai faim.	Ohé séét.
J'ai la fièvre.	Oyiahó.
Je vais me baigner	Arévé yété.
Il boit.	Totó.
Il ne veut pas d'eau.	Euh retikeu essari.
L'abatis a été brûlé	Toïvogno.
Il chante.	Tooué épouih.
Il est allé chasser.	Hé ouéré.
Il travaille.	Ipot paap.
Crier	Toatca.
Danser	Ihaïrou.

Dépêche-toi!.	Nêrêvi !
En aval	Héembécaye.
En amont	Ihéapocaye.
Donne-moi de l'eau	Térodéou euh imyo.
Je vais dormir	Ariket.
Il dort.	Toket.
Allons manger	Ouaaté énouc.
Écouter	Eré ouandé dop.
Réveille-toi !.	Eré hémore !
Blessure.	Pihi.
Cette blessure m'empêche de travailler. .	Ohé pihi hateuh mihi toupanc éoui patpat couane.
Je vais faire ma maison	Nhé étap aré éannmann.
J'ai chaud	Ohé aanháco.
Il fait chaud ici.	Ohé aïpouip.
Il fait froid	Naac.
J'ai froid	Ohé naac.
Fumes-tu?.	Ehapoui apot soho ?
Jette l'eau du canot.	Etihe pone euh.
Va danser	Mohaïrora.
Jouer	Tapapouih.
Flûte	Acouare.
Jouer de la flûte	Acouare tatapouih.
Je mange	Arééno.
Marcher.	Loïra ahéouré.
Il est mort.	Icorá
Il est mort depuis longtemps	Méyaoui coré gnaat ipocoré.
Je pagaye.	Eré apocoui.
Va à la pompe	Eéréto hoça pocé.
Va à la proue.	Mouito iam boké.
Je parle (une langue)	Ohé haï.
Je vais pêcher	Arépi naïndek.
Va pêcher	Moépi naïndek.
Qu'apportes-tu ?	Caat pat te keui ?
Rien	Eetcati.
Pleurer	Arévak.
Travailler.	Ipotpa.
Je veux travailler.	Oïpotpa ptérann.
Je ne veux pas travailler	Eroïpotpa ptérann.
Je ne peux pas travailler	Caat até éoui pilpat térani caat hotté ta si kéat.
Porte (de la maison).	Okéène.
Rire, être joyeux	Iouépit.

Il fait tempête	Ehouéto at.
Il tonne.	Houroue.
Il va pleuvoir	Iamane iraané.
Je travaille beaucoup	Oïpot papsésé.
Il a tué un tigre	Até oque aoué ata.
J'y vais	Aréta téène.
Viens ici.	Eré ianeméïcooui.
Voir	Erassa.
Voler (dans l'air)	Evéïtá
Voler, dérober	Tatéraoc.

DIALECTE APIACÁ [1]

Ciel.	Ivague.
Nuage.	Ivagone.
Vent	Iouitou.
Grand vent.	Iouitou où.
Brise	Iouitou üre.
Soleil	Couaracu.
La nuit	Pouitoune ahiwe.
Le jour	Azü ahé.
Le matin.	Adihec.
Le soir	Arane péaho caaro.
La lune	Zaerre.
Un mois (une lune).	Zaerre.
Pleine lune. . . . . `. . .`	Zae ahaze.
Nouvelle lune.	Zae pouitoune.
Étoile.	Zae tata i.
La voie lactée.	Agnangue poucou.
L'arc-en-ciel	Dhieup.
L'été	Hépanne.
L'hiver (le temps des pluies)	Amanokipouitek.
La pluie	Amane.
Le froid	Irohê.
La chaleur.	Héaye.
L'humidité	Iancang.
L'ombre d'un arbre	Couaraé ang pé.
L'ombre d'un homme	Ahéang.
Éclair	Toupassec.

1. Ce dialecte a été pris, à diverses reprises, avec les Apiacás de Paulo da Silva Leite, chez celui-ci et pendant notre voyage à Salto Augusto.

Tonnerre	Amane ziouic.
La terre, le sol	Euze.
Sable	Incing.
Pierre	Ita-i.
Rocher	Ita-ouimbek.
Caverne	Iouancouang.
Montagne	Iouitire.
Colline	Iouitire-i.
Plaine	Iouitire-i-anhan.
Forêt	Ca-oué.
Savane	Gnoucaran.
Marais	Ihpia.
Eau	Ih.
Ruisseau	Ihicouawe.
Rivière	Ihangne.
Lac	Ipiahó.
Rivière d'eau blanche	Izouve.
Rivière d'eau noire	Epouihoune.
Source	Meraï ouah caté.
En amont	Emboui caté.
En aval	Emboui opé.
Confluent, embouchure	Beremboui awe.
Rapide	Itouihi.
Cataracte	Itou.
Ile	Ipanhoue.
Feu	Tata.
Flamme	Ouéaïtep.
Cendre	Tanimbo.
Fumée	Tatacing.
Le lieu, la place	Oupaïp.
La place du foyer	Tata oupaïp.
Homme	Héaménaga.
Femme	Aïmico.
Petit garçon	Couroumi.
Petite fille	Cougnantan-é.
Jeune	Aouagan.
Vieux	Sabaé.
Mariage	Azavápa.
Époux	Acouimibaé.
Veuve	Cougnantéé acow.
Père	Avocéapé.

Mère	Avocéèm.
Grand-père	Zirouve.
Grand'mère	Dézarouzé.
Fils.	Inimbó.
Fille	Mazipé.
Petit-fils.	Iroumonine.
Frère	Erarcouireè.
Sœur	Garikie.
Oncle	Dzi.
Tante	Cougnan nimbouère.
Neveu.	Dzi cougnan nimbouère gnan.
Beau-frère	Ziraïrhi.
Ami.	Ziréouare.
La tribu.	Dzioroyognan.
Le village	Amonaboou.
Abatis.	Cóa.
Abatis abandonné.	Cócouet.
Chemin	Péa.
Un blanc	Cariouá.
Un nègre	Négoro.
Un visiteur, un hôte	Énépioca.
Chef de village	Capiton (p.).
Dieu	Toupancé.
Le « pagé »	Pazé.
Chanson.	Amaracaïbe.
Danse.	Azioaque.
Maison	Ogui.
Peau	Aïpo.
Sang	Aéroui.
Tête.	Eancang.
Cheveux.	Héawe.
Visage.	Irétouapé.
Œil.	Aréa-couare.
Nez.	Inci.
Oreille	Enanbi.
Bouche	Ezourou.
Langue	Ahécoume.
Dents	Héragne.
Barbe.	Arènedouawe.
Cou.	Aèrenoubaourve.
Bras.	Ahézouve.

Main	Ahépouan.
Doigt	Ahépouampé.
Ongle.	Aépouapé.
Mamelle.	Aïcame.
Lait.	Cambou.
Cœur	Aïtagnaa.
Ventre	Aéribéga.
Dos.	Acoupé.
Genou.	Arénoupaan.
Jambe.	Ahépoui.
Tibia	Aritoumanfianga.
Cheville	Aïgnouacanga.
Pied	Ahépoui.
Orteils	Ahépoui-han.
Talon.	Ahépoui-tà.
Aveugle.	Nan-néaï.
Boiteux	Etouman canni.
Fièvre . . . . , . .	Mètezoup.
Rhume	Oô.
Chasseur.	Animi-ouyecá.
Pêcheur.	Abiou.
Poisson	Pirá.
Hameçon	Itapotagne.
Corde de l'hameçon.	Itapotagname.
Petit banc de canot, petit banc pour s'asseoir.	Apouicabe.
Pirogue	Iarei (Yary).
Grand canot	Iare-oû.
Pagaye	Ivep.
Manioc	Manihoc.
Farine de manioc.	Oû-i-a.
Cassave	Bezou.
Tapioca	Tapi-ô.
Cachiri	Caciri.
Maison	Ogue.
Boucan	Mocaain.
Marmite.	Gnépépo.
Bouillon	Mateïcouère.
Coui	Ïa.
Pilon	Azoogue.
Mortier . . . . ¦ . . .	Eugoa.
Panier.	Iroupême.

Hotte.	Panacou.
Coton filé	Inimbó.
Hamac	Tonpawe.
Arc.	Ouirapare.
Flèche.	Ouhip.
Hache de pierre	Itaki.
Pierre à aiguiser	Itakeu.
Couronne de plumes (grande).	Cantara-oupó.
Petite couronne de plumes.	Acangatara.
Collier de perles	Mohiran.
Flûte	Eurérou.
Tabac en carotte	Pétoun.
Cigare indien.	Pétounmoum.
Grande flûte.	Gnombiá.
Collier de dents de macaque	Caïgnipoupouet.
Boutons	Biroopupéï.
Bracelet	Ahépapecouizá.
Chapeau.	Acagnitare bépó.
Ciseaux	Itapará.
Couteau	Itazou.
Sabre	Gnimouhá.
Hache.	Zie.
Épingle	Jacanga-i.
Clou	Itapiroouni.
Hameçon	Itapotagne.
Ligne de l'hameçon	Itapotagname.
Scie.	Zoupirangne.
Miroir.	Zaouapicá.
Peigne	Keuouap.
Perles.	Móhiran.
Fusil	Toupâ.
Rasoir.	Navalho (p.).
Tafia	Caoui.
Plomb.	Soume.
Poudre	Ivõ.
Mâle	Acoïmaé.
Femelle	Cougnan.
Le petit gibier	Souin.
Poil.	Aéradzou.
Queue	Ouya.
Agouté	Acouci.

Aï	Aheu.
Cabiaï.	Capiouare.
Chat	Zaouari.
Chat-tigre	Maracaza.
Chien	Aouará.
Cochon marron	Tazaou.
Loutre	Yaouapoucou.
Macaque.	Cahiapia.
Paka	Carouhaourou.
Pakira.	Taïtétou.
Rat	Mépoui.
Conciri	Coucirig.
Moucoure	Mouicout.
Singe rouge	Akeukeu.
Couata	Cahiouhou.
Tamanoir	Tamandoua.
Tapir	Tapŭre.
Taton.	Tatou.
Tigre	Zaouat.
Tigre rouge	Zaoua pitang.
Tigre noir	Zaouaroun.
Chien	Coïmbaé.
Chienne	Coïmbaé cougnan.
Œuf	Oupiya.
Bec d'oiseau	Cï.
Agami.	Ouirazao.
Ará.	Caninedé.
Bec d'ará	Caninedé-â
Canard	Ihpek.
Cassique.	Yapŭ.
Charpentier	Irapoona.
Vampire.	Andira-i.
Coq.	Inambou-coemba.
Poule	Inam-cé.
Hocco.	Moutou.
Bec de hocco.	Moutou-ci.
Perdrix (la grosse)	Inambou.
Perroquet	Azourou.
Ramier	Pécahou.
Toucan	Toucane.
Poisson	Pirá.

OEuf de poisson.	Pirá-out.
Aymara	Tarihi.
Pacou	Pacou-ihi.
Coumarou	Pacou-oû.
Cuirassier	Ini-á.
Gymnote.	Pouraké.
Piragne	Piragne.
Raie.	Zavévoui.
Souroubi.	Ouroubi.
Serpent	Boye.
Boa.	Bozouoû.
Caïman	Yacaré oû.
Crapaud.	Iaouô,
Tracajá	Yavaci-ihi.
Tartaruga	Yavaci.
Jacaré-tinga	Yacarécin-hi.
Petit lézard	Tésô.
Lézard	Tésoô.
Petit scorpion	Zaouazit.
Abeille	Toupé.
Miel	Éhire
Araignée.	Gnandou.
Chique	Toûre.
Fourmi	Taïoui.
Maringoin	Gnacihon.
Moustique	Carapaná.
Pião.	Ahépó.
Papillon.	Paname.
Arbre.	Euá.
Racines	Eupouépé.
Feuilles	Caá.
Fleur	Euvateure.
Fruit	Euvá.
Épines	Dzouá,
Copahu	Copahip.
Fromager	Taraïp.
Castanheiro	Gnahip.
Pinot	Zouzivaï.
Maripa	Inataï.
Caoutchoutier	Siringa (p.).
Canne à sucre	Canna (p.).

Cotonnier	Oumounizou.
Liane	Ihipó.
Igname	Cara.
Maïs	Aouassi.
Patate.	Diteuk.
Roucouyer.	Ouroucou.
Pied de tabac.	Pétime.
Petite tayove	Nambou-á pouitani.
Grande tayove	Nambou-á.
Ananas	Naná.
Bacove	Pacová.
Banane	Pacová oû.
Araça (goyave des bois).	Oviápirogá.
Haricot	Coumanda-i.
Papaye	Caoui-a.
Piment	Keu-î.
Pomme d'acajou	Acajá.
Un	Adipé.
Deux	Mocogne.
Trois	Mopouit.
Quatre	Mocoucougne ateu.
Beaucoup	Couaïvité.
Je, me, moi	D'hî.
Tu, te, toi	Endè.
Il, le, lui.	Ia.
Mon, ma	D'hî.
Ton, ta	D'héé.
Son, sa	Gaè.
Ce, ceci, celui-ci	Péouzépotane.
Autre, celui-là	Ambou ité.
Nous, nous tous	Za opap.
A côté de	Kéketèye.
Chez	Soo.
Oui	Ohoné.
Non.	Avain coï.
Ici	Aou nazi.
C'est ici	Aou nazi nondo.
Loin	Ambou ité ouzá.
Près	Ihoui ennoun.
Aujourd'hui	Aziê.
Hier	Aziê roupi roupi.

Demain	Azié tépépène.
Il y a longtemps	Emouia poui pouroca
Bientôt	Ahatehé pouipougne endé.
Toujours.	Ahatehé.
Jamais	Dhirangne.
Vite.	Aïté-i.
Lentement	Aéouaïné.
Beaucoup	Coïvité.
Peu.	Mohpouit.
Assez	Nanime.
Bien, très-bien	Dhitéi oho.
Pourquoi.	Gaare.
Pourquoi es-tu fâché ?	Gaare gnémandaraïp.
Amer	Azaïp.
Doux	Hain-ain.
Assis	Oapouicá.
Couché	Oninougá.
Debout	Apoame.
Bas	Iouioué-iapoye.
Haut	Idhalà.
Bavard	Oningamouit.
Beau	Ioron.
Joli	Ezoum.
Laid	Ounayaïmpe.
Blanc	Izou.
Bleu.	Oboui.
Rouge.	Piran.
Noir	Oun.
Vert	Avoui.
Carré	Ipoucou ouza.
Long	Ipoucou.
Rond	Yapoá.
Chaud.	Acou.
Froid	Irohi.
Dur.	Sig.
Pas dur	Imé.
Grand.	Nanimé.
Petit	Soûi.
Haut	Izêoue.
Bas	Iatori.
Gras	Icap.

Maigre	Cining.
Malade	Icaraap.
Fiévreux.	Irohi païpogap.
Je veux acheter un chien.	Dhi a amouépoué deven.
Il est allé dans la forêt.	A caa gnoume.
Allons manger	Za rémi mooué onitac.
Allons à la chasse.	Ca ouésène penhen.
Je bois	Ahicoure.
Tu bois beaucoup	Gà oui coure.
Il boit peu.	Sou-î ouihcoure.
Le coq chante	Oah poúcaye.
Cette femme chante bien.	Agniouarê.
Allons danser	Zo régni ouarê.
Dessiner.	Coaciare.
S'enivrer	Héaouérèm.
Je vais manger	Inimo iouitawe.
Je ne vèux pas manger	Animo ouitawé.
Ne veux-tu pas manger?	Ma té térouèye.
Mentir.	Beraïm.
Dire la vérité.	Azi.
Mourir	Amonon.
Il s'est noyé	Amonon kêêrem.
Il pagaye bien	Epoucourahi.
Il pleut	Amane okit.
Il pleut à verse.	Okira ouhou.
Je vais travailler	Ipporoouicap.
Viens travailler.	Soo zo réporoouicap.
As-tu vu le tuxáu?	Tuxáu nèke iyé?
Je veux le couteau	Dhité apotat étazou.
Je ne veux pas	Napotari.
Veux-tu du tafia?	Napotari téné caoui?
Veux-tu une femme?	Napotari téné cougnan ?

DIALECTE MUNDURUCÚ [1]

Dieu.	Toupane.
Le Dieu des songes	Courouça Caïbé.
Il est mort (il est avec Dieu)	Toupane abé.
Ciel.	Cabi.
Nuage.	Cabi créréate.
Vent.	Cabïrou.
Grand vent, tempête	Cabirou chichi.
Soleil	Ouachi
De bon matin.	Cabi açon.
Le jour, la journée	Cabia.
Après-midi (l')	Capouidié.
Le soleil est chaud	Cabi riprip.
La nuit.	Achiman.
De nuit	Achiman-bè.
Lune, mois.	Cachi.
Un autre mois	Tamacari cachi.
Étoile.	Caçoupta.
La voie lacté.	Cabicouré tpouih.
Été	Couatou.
Un autre été (une autre année)	Tamacari couatou.
Cette année-ci	Gnâcên couatou.
Ce mois-ci.	Gnâcên cachi.
L'autre été.	Couatou biman.
La pluie.	Mombaat.
Montagne	Otioâ.
Eau.	Iribi.
Sel	Caotat.
En amont	Cabicaye.
Chemin	É.

1. Ce dialecte a été pris avec des Mundurucús civilisés du Tapajoz, du Alto Tapajoz et du São Manoel.

En aval	Cabicacih.
Bassin profond d'une rivière	Chacorâo.
Feu.	Eraïchá.
Ile	Tiaoouérou.
Un blanc	Carayoua inemé.
Femme	Aiatiat, tagnan.
Homme	Agnocat.
Un homme vaillant	Agnocatcat.
Grand garçon, jeune homme	Tapuih, Ioumboèm.
Petit garçon	Berechetá.
Grande fillette, jeune fille	Tabi, Icohetoumtoum.
Vieux.	Iabout.
Épouse	Otachi.
Père.	Oubaïbaï.
Grand-père (aussi terme de respect) . . .	Adiout, Iroubé katpat.
Mère	Añhy.
Frère aîné	Ouamou.
Grand-père, aïeul.	Aouaoua.
Fils.	Ipot.
Fille.	Araïchit.
Frère	Ouagnou.
Jeune frère	Ocoutó.
Sœur	Echit.
Beau-frère	Oçam.
Gendre	Itarop.
Ami.	Oubéchi.
Mensonge	Daap.
Cheveux.	Kap.
Cheveux blancs.	Yaoupap.
Oreilles	Gnaainainboui
Joues	Aopih.
Bouche	Ouéïbi.
Dents	Eraï.
Menton	Ouéouègnépaè.
Barbe	Erabirab rap.
Gorge.	Ouègné combirá,
Épaule.	Ouègnan oupiá.
Bras.	Oueïbá.
Coude.	Oueïbá serinera.
Main	Ibouih.
Ongles des doigts.	Oueïmbá ran.

Poitrine.	Oueï caméa.
Mamelles.	Oueï came.
Ventre.	Oueï euk.
Bas-ventre	Oueï et puih.
Parties (masculines)	Oreïchi bará.
Parties (féminines).	Eraïpuih.
Genou.	Ouéyon-á.
Jambe.	Oïra-ô.
Pied.	Ibouih.
Pied tordu. Pied contrefait	Aguapone.
Hameçon.	Pignan.
Corde de l'hameçon	Pignan-beuh.
Filet pour barrer les ruisseaux	Tiripanne.
Harpon (le fer du).	Ta-imbi.
Pagaye.	Couicoui-ap.
Abatis.	Keu.
Dans l'abatis	Keu-bé.
Canot	Coubé.
Petit canot.	Coubé ipit.
Râpe à manioc	Itá, Ouitá.
Farine de manioc.	Chinetarèm.
Gouvernail de canot.	Coubé epébéat.
Cassave	Chine.
Tapioca	Sarakitá.
Bouillie de castanhas.	Daou.
Maison.	Agnocá, eureucá.
Le quartier des hommes, des guerriers. .	Ekçá.
Ma maison.	Agnocá-bè.
Ajoupa. petite barraque	Chidiap.
Les feuilles qui couvrent la maison. . . .	Keucirip.
Morceau de bois	Ip.
La mêche du briquet	Dachabé.
La pierre à feu.	Erachaá.
L'acier du briquet.	Dacha matégnap.
Four pour faire la farine de manioc . . .	Ouène.
Gargoulette.	Camouti.
Coui.	Ouaê.
Cendres	Cabouri.
Panier.	Baracá saniá.
Coton	Bouronrá.
Fil de coton	Bourombé.

Hamac.	Oucureu, Ouârâ.
Arc.	Irarek.
Flèche.	Oubipá.
Bouillon	Ti.
Aiguille	Aoui.
Bougie.	Camignati.
Ciseaux	Con-con-ap.
Clou.	Tapoua.
Couteau	Ricé, étain-ap.
Canif	Kicé youpit.
Épingles.	Aoui.
Fusil	Ouroumbaron.
Perles.	Timpourá.
Hache.	Ouà.
Hameçon	Pignan.
Fer de harpon, de bêche.	Taïmbi.
Miroir.	Ouaroua.
Marchandises.	Taregrey.
Perles noires.	Timpourá taoucate.
Perles blanches.	Timpourá tarétiate.
Perles rouges.	Timpourá pakpak.
Perles bleues.	Timpourá taremremheu.
Perles jaunes.	Timpourá tapeukpeuk.
Perles incolores (grains de verre non co-	
loriés	Timpourá taistiate.
Peigne.	Kiouá.
Peigne fin	Kioua apoui.
Plomb.	Eroumbaron-rá.
Poudre	Tombaron.
Sabre	Sersade (p.).
Tafia	Caoui-iri.
Chemise	Camisa (p.).
Pantalon.	Irouti, ourouti.
Fer de bêche.	Chique.
Cheminée de fusil.	Tombaron-aspih.
Allumettes	Erachaï.
Pétrole.	Erachari.
Mâle.	Agnocat.
Femelle	Aiatiat.
Bœuf	Bioupá.
Agouti.	Mari.

Cerf.	Arapicèm.
Chien	Yacourité.
Cochon « de matte ».	Iradié.
Porc « de casa »	Iradié bârou.
Couata.	Décou.
Loutre.	Aouaré, Yaouara.
Macaque.	Taouè.
Petit macaque	Ouachou.
Macaque blanc	Taoué bâron.
Macaque « barrica ».	Cat bâron.
Pécari.	Iradié-tiou.
Paca	Ahi.
Singe rouge	Ourourou.
Tapir	Biou.
Tigre	Ouîra.
Rat.	Tagnin.
Oiseau.	Ouacèm.
Queue d'oiseau	Bicouéqué.
OEuf.	Toupiça.
OEuf de poule.	Sapoucaye éroupiça.
Agami	Caon.
Aigrette	Acará.
Ara rouge	Carou.
Ara noir.	Paraouatou.
Ara jaune	Paraoua.
Cassique.	Pouchou.
Chauve-souris.	Eréou.
Coq-poule	Ouitacará.
Coq.	Ouaïchacará.
Poule	Ouaïchacạraam.
Hocco.	Ouitoun.
Jacú (maraye).	Ouacou.
Martin-pêcheur.	Adiourá.
Hirondelle	Pacererekty.
Mergulhão (plongeur)	Biouá
Perdrix	Chéri.
Papagayo, ...	Arou.
Perruche.	Couré.
Ramier	Pécaçou.
Toucan	Tioucoun.
Poisson	Achiman.

Petits poissons	Achiman-i.
Aymara	Erachê.
Le grand aymara	Erachê-o, érachê-ou.
Le petit aymara.	Erachéri.
Pacou assú (coumarou).	Pacou-reup, Soué-reup.
Pacou	Pacou.
Cuirassier (acari)	Dareu-á.
Petits poissons qui vont par bandes . . .	Courapirap.
Pirarara	Caroupoutip.
Raie.	Monatoup.
Tucunaré.	Potip.
Tucunaré blanc (matrichão).	Potibirip.
Peixe-cachorro	Dariouacagne.
Serpent	Pouiboui.
Boa	Pouchiribé.
Jacaré.	Apat chiri.
Grand jacaré.	Apat youbou.
Crapaud-bœuf.	Courourou.
Crapaud blanc, comestible	Seksek.
Iguane.	Sinimbou.
Lézard.	Raoué.
Tartaruga	Cagnagnaré.
Chemin de tartarugas	Cagnagnaré aïbet.
Jabuti.	Poui.
Jabuti rouge	Pouipatpeuk.
Vers intestinaux.	Sapcoré.
Petit serpent d'eau	Morécoubé.
Abeille.	Eït.
Miel.	Eïre atou.
Araignée.	Toua.
Morsure de fourmi	Tontapi.
Chique (puce pénétrante).	Nohoume.
Petite fourmi.	Iraceup.
Saüba.	Oaïchá.
Fourmi noire.	Rapceuk.
Mouche	Conhéron.
Mouche à dague	Montugur.
Moustique	Caame.
Papillon	Oreperep.
Pou.	Quip.
Mucuĩ.	Acem.

Carrapato	Parou.
Pião	Yepson.
Burrachudo	Comédiourou.
Arbre	Eïp.
Gros arbre	Eïp youboun.
Fruits graine	A.
Épines	Iraou.
Abio	Anocaréa.
Bacuri-pari	Ouaremeça.
Buriti (palmier à liège)	Gneureup.
Graine de buriti	Gneureup-à.
Solva	Ouatoua.
Solvasinha (culmahy)	Ioubaa.
Bois-flambeau	Ouéchiktapiri.
Copú-ahy	Acarapahi.
Copú-assú	Acarapá.
Mamantin (onapoli et Roucuyemens)	Caramuri.
Caoutchoutier	Chiring (p).
Touca (castanheiro)	Ouaéragne.
Masaranduba	Cirara.
Acajou de forêt	Orécéreu.
Pajurá	Cobican.
Remari	Urupéa.
Uxi (espèce d'usmari)	Taruá.
Corossol (jaca ou araticu)	Bucubucú.
Le fruit du corossol	Bucubucú-á.
Autre variété de corossol	Pariri.
Bacaba	Haruruxé.
Cumarú	Tiuburá.
Pékéa	Chaá.
Assahy	Oaporème.
Inaja	Ouaritá.
Mucajuba	Ouacouri.
Mangaba (Goyave sauvage de Campo)	Youbá.
Pariri	Espeù de corossol.
Pataya	Ouadou.
Cacao planté	Ouadiè.
Cacao do matto	Ocorapá.
Murucy	Quegnèn.
Pupunha naçorá	Uaçora.

Araticu do campo	Bucubucú barou.
Canne à sucre	Canipeuk.
Champ de canne à sucre	Canipeutip.
Moucoumoucou.	Aninga.
Embaüba.	Apac, ouarourac.
Roseau à flèches	Oubipá, Bipa.
Vétivert	Arang-à.
Cactus.	Ouadiá.
Uberiba	Erauá.
Inga	Chiriri.
Calebassier.	Pouá.
Papayer	Asson (casson).
Papaye	Asson-à (casson-à).
Cotonnier	Bouroum.
Macachère	Macachi, Mocépan.
Grand cará	Aouaïri.
Grand cará blanc	Pouirá éréchache.
Petit cará	Pouirá.
Petit cará rouge	Pouirá anioucate.
Maïs	Morará.
Patate	Ouichià.
Batata da costa	Paonhá.
Capim amargoso	Aouatip.
Timbo.	Cumapi.
Liane franche	Anepeuk.
Tabac.	Hê.
Manioc	Macépan.
Jaboticaba	Jubá.
Mangaba	Ougnouá.
Ananas	Iparaá.
Cajou do campo.	Acéra caraou.
Cajou do matto.	Eracera.
Bacove.	Acou.
Banane	Acouba.
Banane de S. Thomé	Acorékempa.
Papaye	Asson-a.
Fève	Ouéitéi.
Haricots.	Adianrap.
Achiná	Etennéa.
Piment	Achi-à.
Maracujá	Maracouya.

Pomme d'acajou	Ouérécéra.
Coumarou	Ouiaye.
Goyavier	Mayabe.
Taya	Pannanouan.
Carosse de graine à défumer	Coçourá.
Un	Pan.
Deux	Chépichèpe.
Trois	Chibapeung.
Quatre	Ibaribrip.
Cinq	Béïchiri, Brancogé.
Dix	Ohêê souat (mains toutes).
Beaucoup	Arè.
Oui	Ibeuheu.
Non	Caamá.
Ici	Doutié.
Là	Huché.
En bas	Deïp.
Aujourd'hui	Yançan, Yancîcabia.
Maintenant	Maigé.
Hier	Capeuçeu.
Avant-hier	Capeuçeu kéré-i.
Demain	Couyadiè.
Après-demain	Couyadié bueçeu.
Peu de temps	Dareureup.
Vite	Abî, abî rocéoh.
Beaucoup	Arê.
En haut	Cabicari.
En bas	Ipigè, Déip.
Assez	Ogneman.
Bien, bon	Chipat.
Lentement	Ynidioum miné.
Près	Mempé.
Loin	Çoat.
Bavard	Ticaounchi.
Joli	Rip.
Laid	Quéré.
Blanc	Epapeuk, Irétiat.
Bleu	Ibitacoboué.
Bon	Chipat.
Cuit	Eéro.
Pas cuit	Eréïp.

Ivre.	Icaou.
Doux	Queréqueré.
Joyeux	Ourip.
Dur.	Agnocat.
Joli.	Chipat.
Enflé	Iyécu.
Lointain.	Ouen.
Fâché.	Sapecoré.
Ouvert.	Ipaïa.
Fatigué	Yaaboroeu.
Peureux	Ouparará.
Fort.	Etiat.
Fou.	Albarème.
Grand.	Béréyoubou.
Gras.	Diomocem.
Humide, mouillé	Irep.
Noir.	Gnoucat.
Rouge.	Patpécat.
Voleur.	Bocorep.
Accoster.	Caprenté pedié.
Acheter	Odiat.
Je veux acheter un hamac	Unha aran odiat.
Je veux acheter une poule	Unha sapoucaye odiat.
Je veux acheter ton arc	Unha odiat iraré.
Aiguiser.	Otimbirá.
Aimer quelqu'un	Chipat ébê.
J'aime le poisson	Iquédé tieu,
Il aime le tafia	Ouatikeu.
Je vais à ma case	Arécacaye odié.
Allons!	Gnan !
Allons de suite !	Gnan dhiè !
Tu t'en vas déjà?	Gnetième ègne gniassa ?
Où va-t-il ?	Bôma itième ?
Il va en amont	Bôma tiaca éma odié.
Aller chasser.	Itié oureup.
Allons manger	Gnen étié com.
Va chercher de l'eau.	Iribi gnan tiéboué.
Allume le feu.	Gna cha étéi.
C'est déjà cuit	Erouème peup.
Il est arrivé aujourd'hui	Gnaceu ouadièm.
Attendre.	Egaïribé.

Attends un peu !	Meiñpeuk !
Qu'y a-t-il pour moi ?	Adio opop ouébé !
Il y en a un peu	Ioupit mopap.
J'ai peur.	Decouecone.
J'ai soif	Bipeureup.
Je ne veux pas boire	Yati eucon.
Boucaner	Ipeureup.
Casser.	Atican ouèn.
Chanter	Ouamame.
Je fus chasser	Acouème odié.
Je suis allé couper (saigner) le caoutchouc.	Chiring iptacat odiè.
Dessiner, écrire.	Taperareup étouman bararat.
C'est ainsi	Timpourou.
C'est vrai, c'est certain.	Tièmetoutou.
Que fais-tu, blanc ?	Pènepèncène carioua ?
Je fus flécher du poisson	Achima diouèm odié.
Manger	Combi combi.
Allons manger !.	Gnan combi combi.
Tu mens.	Naapaain.
Il est passé hier.	Capeuçeu cap.
Il est passé avant-hier.	Capeuçeu kéréiocap.
Par où a-t-il passé ?.	Boma ocap ?
Par ici !	Bôôma !
Il est passé de l'autre côté	Booma ouaïnaboué ocap.
Planter	Taïrá.
Planter le manioc	Meuçeu-ip taïrá.
Planter des bananes.	Acouba taïra.
Je suis allé procurer à manger	Pouiibit cararame odié.
Dans combien de jours revient-il ?. . . .	Ponbouiram chet ouitipit.
Dans deux « nuits ».	Chépichépi chet.
Qu'as-tu rêvé ?	Adiou mouchéchè ?
Je n'ai rien rêvé	Mouchéchè oume.
C'est vous qui savez.	Enne ma taïbit.
Je sais.	Taïbit.
Je ne sais pas	Taïbit ème.
Il a tué	Yaocá.
D'où vient-il ?	Porième ?
Je veux tout	Souat caï mann oun.

CHAPITRE XII

Derniers mots.

Pour prendre congé du lecteur.

Étant arrivé à la fin de ce travail, il me semble que, en même temps, j'arrive à un commencement.... Ce ne sera point « le chemin de Damas », car, depuis longtemps, j'ai donné mes idées sur l'Amazone en général et Pará en particulier. Or, je suis un de ces hommes qui ne transigent pas avec leurs convictions. Je sais le suprême ridicule qui s'attache à cette déclaration : le temps n'est plus où la fierté chevaleresque des siècles passés était considérée comme une vertu....

Mais il ne s'agit ici que du Tapajoz et de Pará.

Pourtant, comme à une trovoada qui aurait passé, seulement un souvenir, un salut : l'âme, navrée au grand bruit d'hier qui nous a tant émus, essaye de balbutier, effarée. Toutefois, le silence s'est déjà fait, l'oubli vient. Rien de changé dans le monde : quelques morts et quelques dupes de plus, et quelques coquins s'enorgueillissant dans leur triomphante impunité.

Nous sommes dans une heureuse époque où, pour parler librement, tout au moins dans le livre, il est nécessaire, quand il s'agit de nos nouvelles aristocraties, de ne pas dire ce que l'on sait, ou tout au moins d'avoir l'air de parler d'autre chose.

Mais il ne s'agit ici que du Tapajoz et de Pará.

Heureux les morts! disent toutes les philosophies et toutes les ballades. Eh bien, non! Le soleil se lève pour les honnêtes gens, même pour ceux qui, revenant sanglants des nobles luttes, sont ignominieusement bafoués par les

Pharisiens qui toujours dominent, à la veille de quelque siècle d'une inexorable justice depuis trop longtemps attendue....

A quoi bon s'indigner?... cela fait mal au foie!... Est-il même nécessaire de répondre aux injures vénales d'une tourbe de drôles qui vous attaquent de loin?...

Toutes ces réticences et ce langage mystérieux vont faire croire au lecteur que son journal le trompe et que nous vivons sous le règne des Trente Tyrans avec un ministre de la Censure pour président du Conseil.

Ou peut-être est-ce moi qui me suis déjà complètement déshabitué de l'Europe depuis quinze ans que j'ai commencé à promener ma libre vie à travers les forêts d'Amérique.

L'humanité des vieux groupes sociaux n'est pas plus mauvaise peut-être, et à coup sûr n'est pas moins intelligente que celle des plantureuses terres de ce Nouveau Monde qui est aussi le Monde Nouveau. Mais voici, il y a un malheur : nous ne croyons plus à la justice en Europe : ce ne sont plus les Trente Tyrans, mais ce sont les Trente Cryptogames qui ont poussé sur nos sociétés dégageant déjà l'odeur putride des très rapides transformations.

Il me semble voir une ronde de fossoyeurs et de rats de cimetière s'essayant déjà à ébranler le vieux sol du monde Romain-Germanique. Tout fait prévoir à l'Europe des déchirements où la race seule survivra. Ce ne sont déjà plus les prétoriens qui sont les maîtres à Rome, ni même les Gétules, les Lybiens ou les Numides, ce sont les fils de la Cœlesyrie et de la Nubie de l'Occident.

Amazonie, qui m'as ouvert tes portes, tes terres sont trop vastes, trop riches et encore trop désertes pour que tu ressentes la prochaine commotion. Tu la ressentiras seulement par l'étonnante affluence, la marée montante des fils d'Europe, la mère intelligente mais cruelle et tourmentée. Maudits, proscrits, — de nuance à nuance, de groupe à groupe, — ils viendront sur tes rivages. Mais ton cœur est aussi grand que l'infinie succession de tes riches déserts presque encore ignorés ; — et ce ne sera pas ici que l'exilé répétera le mot du prophète hébreu :

« Captifs sur les fleuves de Babylone, nous pleurions en pensant à toi, Sion !

« Sion ! où es-tu ? »

La vieille Europe est en gestation d'une étrange aventure. Assis sur la rive du plus grand et du plus majestueux des fleuves, nous regardons de ton côté, la Vieille ! Et sans trop d'émoi, car on se souvient. Et si on se souvient sans colère, c'est parce que l'Amazonie est une terre d'hospitalité.

L'Amazonie est un pays de contrastes, mais spécialement Pará. Pará ne le cède guère à n'importe quelle ville de même population en Europe ou dans l'Amérique du Nord. Elle est plus riche que beaucoup, plus progressiste que plusieurs de ses rivales et, pourtant, quand je veux des plantes agrestes pour mon jardin, je vais moi-même les chercher dans la forêt vierge, à deux kilomètres de la ville. Pará est une ville américaine par son esprit d'entreprise et de progrès, et latine par son goût des lettres et des arts. Une poussée scientifique s'y dessine en ce moment qui est peut-être de nature à placer rapidement Pará à un rang des plus honorables parmi les centres intellectuels.

Pará prend de plus en plus conscience de ses destinées futures. Pourtant il n'est point irrévérencieux de lui dire qu'elle s'ignore encore en partie. Ses habitants, d'ailleurs obligeants, serviables et de relations sûres, sont plutôt réservés qu'audacieux en affaires. Ils savent bien qu'ils sont les maîtres du grand bassin fluvial du monde, que le climat du roi des fleuves est bon d'une façon générale et même clément pour les colons débarqués d'Europe, que ce climat permet au Pará d'être peuplé par la race européenne et non par les nègres des Antilles ou de Guinée ; pourtant les Paraenses sont dans le cas de quelqu'un qui porterait un trésor très précieux mais fragile : ils marchent à pas comptés pour éviter une chute qui, en effet, pourrait être momentanément dangereuse.

L'État a d'excellentes finances, son crédit est bien assis, il ne manque à Pará que d'être plus connu et mieux connu.

Pour ce qui est de ce grand sud-ouest Paraense du Tapajoz, du Alto Tapajoz et du São Manoel, pour montrer ce qu'il vaut, il suffit de dire qu'il se peuple, sans rien de l'État, les sollicitudes politiques s'arrêtant en aval de la pre-

mière cachoeira. Il se peuple par la seule poussée de bonnes volontés intelligentes qui se fixent d'instinct dans un pays d'avenir.

Honneur aux colons du Tapajoz des cachoeiras, du Alto Tapajoz et du São
Manoel! Ce n'est pas une raison parce qu'ils sont intelligents, laborieux, honnêtes et sympathiques, pour que le gouvernement de Pará les abandonne
à la seule protection de leurs vertus. De Maranhãosinho à Santarem le
gouvernement a des devoirs et des droits. De Maranhãosinho à Salto Augusto
il a surtout des devoirs. Si j'étais l'avocat de la laborieuse et sympathique
population qui habite au-dessus de Maranhãosinho et qui est allée à la conquête des déserts voisins de Matto Grosso, il me semble que plaidant devant
un jury désintéressé, la cause serait bien vite gagnée.

« Patience, sur la terre, aux hommes de bonne volonté ! »

Ceux qui ont peuplé les cachoeiras du Tapajoz, le Alto Tapajoz et le São
Manoel ont fait œuvre intelligente, œuvre profitable, œuvre de bonne volonté
dont on devra leur savoir gré, tardivement, comme pour toutes les bonnes
ou grandes œuvres....

Ces colons, ces pionniers du Tapajoz *des cachoeiras* sont une race simple
et bonne, active jusqu'à l'héroïsme, intelligente, probe. On a vu partout ces
différences : ceux qui restent au rivage et ceux qui affrontent la mer, ceux
qui sont établis dans la cachoeira et ceux qui sont postés en bas de la dernière chute, du dernier rapide, les travailleurs d'en haut et les commerçants
d'en bas.

Tous cependant, ceux « d'en bas », moins nombreux, ceux « d'en haut »,
beaucoup plus nombreux, travaillent ou ont travaillé.

Ce n'est pas seulement le caoutchouc, exploité aujourd'hui jusqu'à Salto
Augusto et abondant jusqu'au centre de Matto Grosso où les gens de Diamantina le travaillent sitôt au-dessus des Campos Geraes et dans l'Arinos, le
Summiduro, le Rio Preto et le Bas Juruena ; ce n'est pas seulement le caoutchouc qui fait la richesse du Tapajoz; pourtant il en constitue, provisoirement, mais actuellement, en attendant mieux, la richesse principale.

Il serait difficile peut-être, même pour les plus qualifiés, — ou les plus
intéressés — il serait difficile de connaître la production totale de beaucoup des plus importants exploiteurs de borracha. On cache soigneusement

son chiffre de production. J'ai vu de petites fortunes dans des maisons. Je découvrais le trésor : on ne me le montrait jamais par ostentation. Cette statistique n'est d'ailleurs pas de mon ressort. Pourtant je n'hésite pas à affirmer que si j'avais une production annuelle équivalente seulement à celles réunies de Paulo Leite, de Mauricio et de Cardozo, je ne me préoccuperais plus que de me faire construire un chalet rustique dans la banlieue de Pará pour y faire quelque peu de science en y écrivant quelques impressions et quelques souvenirs.

Ceux qui ont voulu s'assurer ces douceurs de « Seringueiro de Virgile » ont planté, Cobra, Tartaruga, Pedro Pinto et quelques autres. Mais leurs plus anciennes plantations n'ont encore que cinq ans au maximum et le caoutchouc demande dix ans pour être saigné. Toutefois j'estime qu'ils ont eu raison. Les îles les plus riches : do Cururú - 20 estradas, da Conceição-10, do Marengo - 20, ne vaudront jamais une plantation.

Le Tapajoz des cachoeiras a commencé et il veut continuer : il veut planter du caoutchouc et créer des prairies artificielles pour élever du bétail, en attendant de pouvoir se pousser vers le Campos Geraes du Curucu-Caderiry.

Et l'on se dit : « Nous nous nourrirons de notre bétail, nous ferons du caoutchouc, mais nous serons des « habitants » ayant leur « famille », nous serons attachés à un centre qu'il ne vient pas à notre esprit d'abandonner jamais. »

Et les événements politiques ou diplomatiques peuvent bien se succéder d'État à État ou même de nation à nation au besoin ; que leur importerait tout ce qui ne toucherait pas directement à leur œuvre grandiose et lucrative de conquérants du désert....

Il est pourtant vrai que c'est surtout dans ces déserts d'Amérique que pourraient trouver un abri tant de ceux qui souffrent et qui peinent, et qui, trop sceptiques après cent ans de leurre politique, se bornent à maugréer parfois dans un coin, plutôt que de regimber encore.

Frères malheureux de notre triste Europe, de cette fin de siècle à la fois hypocrite et brutale, frères malheureux d'Europe, plutôt que de se ruer aux nouvelles Bastilles, ne vaut-il pas mieux se taire et faire chacun, à son corps défendant, un intelligent exode loin du lamentable pressoir?

Car on a beau avoir, pour être devenu sceptique on n'en reste pas moins homme.

Les Mundurucús assassinent un pauvre Parintintim qui passe, lui coupent la tête et la boucanent pour faire une œuvre d'art. Ensuite la tribu danse en se frappant la poitrine orgueilleusement. Cela se passe encore aujourd'hui et pourtant ces gens-là sont, quand ils s'en mêlent, d'une « civilisation » à se faire saluer avec respect par les plus madrés de nos modernes Carthaginois. Tout cela, c'est le défilé du vieux monde.

Il ne faut s'étonner de rien. J'ai vu les Mundurucús et des Excellences. Le plus curieux est qu'on puisse, à force de philosophie, en arriver à voyager avec sa femme en compagnie d'Indiens coupeurs de têtes, sans regretter autrement ses anciennes connaissances du Forum et de l'Archontat. Et le vent de la « friagem », qui vient de la Cordillère australe par la Pampa, reste seul à rappeler au voyageur que partout la sensation de la vie est essentiellement froide et âcre. Et l'on va oscillant de l'énervement des orages aux frissons presque douloureux d'un espoir et d'un monde aux destinées également énigmatiques.

TABLE DES GRAVURES [1]

[1] Principalement d'après des photographies, par Mme Henri Coudreau, pendant la durée du voyage.

CARTE

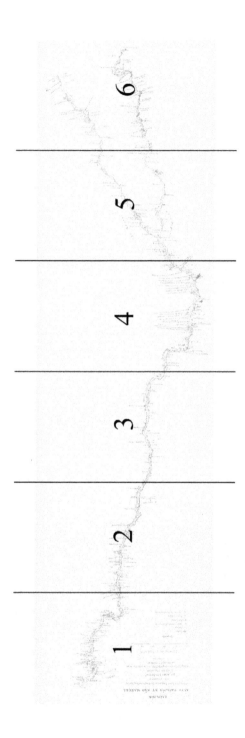

Key to following pages.

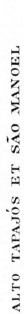

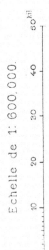
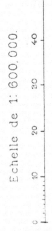

TAPAJÓS

ALTO TAPAJÓS ET SÃO MANOEL

de Itaituba à Salto Augusto et Cachoeira das Sete Quedas

levés à la boussole

par **Henri COUDREAU**

22 Août 1895 - 2 Janvier 1896

en Mission scientifique du Dr *LAURO SODRÉ, Gouverneur de l'Etat de Para*

Carte établie par O COUDREAU

Echelle de 1: 600.000.

0   10   20   30   40   50^{kil}

NORD vrai

E.

S.

O.

Légende

🔲 Prairies

⸪ Rochers

▦ Lages (Grandes Roches plates)

○• Habitations

◉ Plages de sable

⊛ Caprera (Ancienne habitation)

1

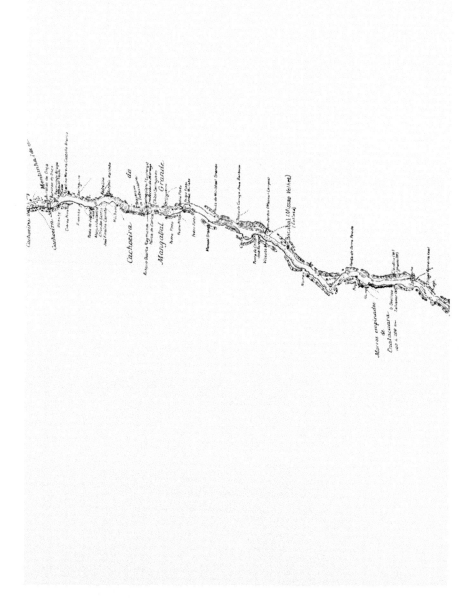

2

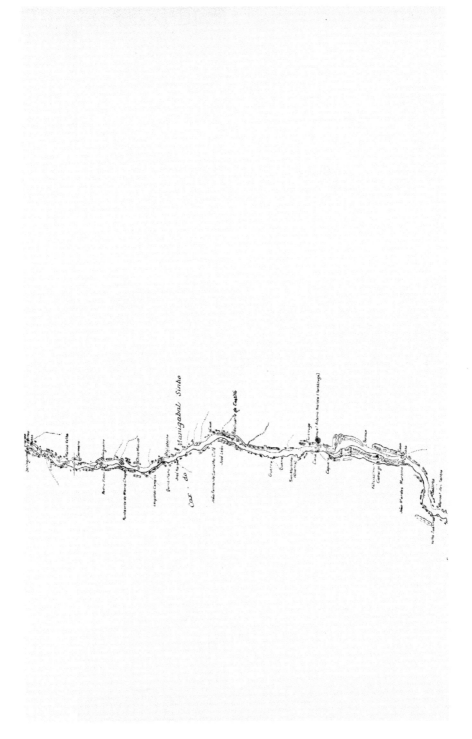

3

4

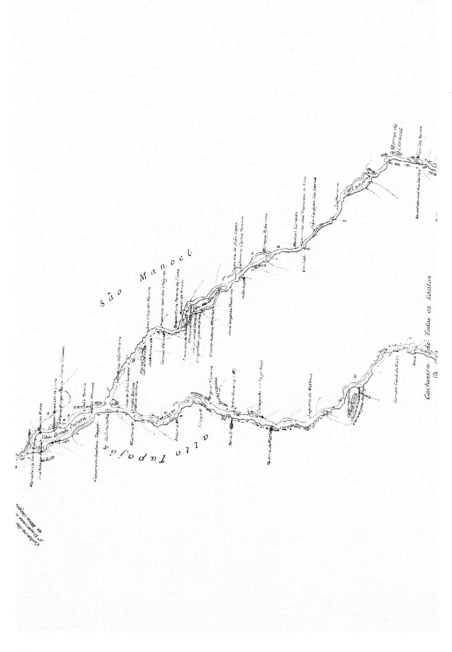

5

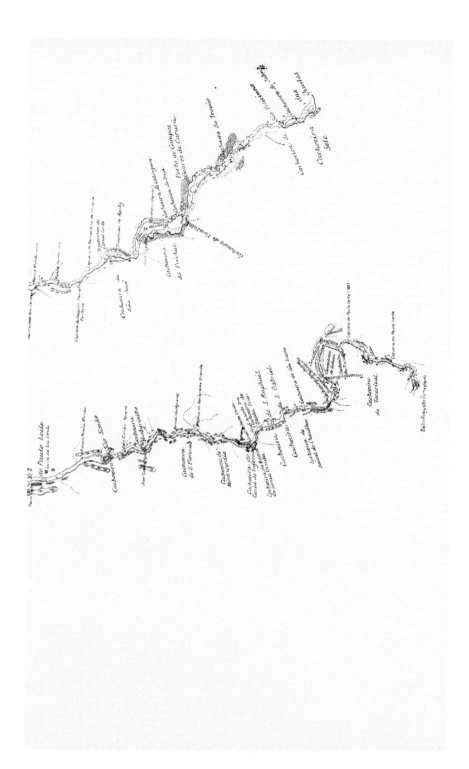

6

TABLE DES MATIÈRES

CHAPITRE V

CHAPITRE VI

CHAPITRE VII

CHAPITRE VIII

CHAPITRE IX

CHAPITRE X

CHAPITRE XI

CHAPITRE XII

Ce volume

a été entièrement rédigé et la carte a été établie [1]

du 1er au 29 février 1896

Pará, 29 février 1896.

H. C.

1. TAPAJOZ, ALTO TAPAJOZ et SAO MANOEL, d'*Itaituba à Salto Augusto et à la cachoeira das Sete Quédas* ; au 1 : 100 000°. Pará (Brazil), Service cartographique de l'État de Pará.

For EU product safety concerns, contact us at Calle de José Abascal, 56–1°,
28003 Madrid, Spain or eugpsr@cambridge.org.

www.ingramcontent.com/pod-product-compliance
Ingram Content Group UK Ltd.
Pitfield, Milton Keynes, MK11 3LW, UK
UKHW030901150625
459647UK00021B/2689